el libro de los
NOMBRES *de* NIÑA

el libro de los
NOMBRES *de* NIÑA

Conoce todos los nombres
que puedes escoger para tu hija

JOSEP MARIA ALBAIGÈS

Autor: Josep Maria Albaigès
Coordinador: Pedro Gómez Carrizo
Dirección de arte: Monique Smit
Diseño de la cubierta: Lluc Julià
Ilustración de la cubierta: Sebastià Serra
Maquetación y montaje: ABCdisseny
Fotomecánica: Lozano Faisano, S.L.

© del texto: Josep Maria Albaigès, 2000
© de la presente edición, RBA Libros, S.A., 2000
   Pérez Galdós, 36 - 08012 Barcelona
   www.rbalibros.com
   rba-libros@rba.es

Quinta edición: octubre 2005

Ref.: OLPE001
ISBN: 84-7901-523-3
Dep. Legal: B. 45.386 - 2005
Impreso por Novagràfik (Montcada i Reixac)

Dice la Biblia que el hombre puso nombre a todos los seres vivos. Ésta fue, en efecto, la primera tarea de Adán, recién estrenado el Edén, realizada antes incluso de tener a Eva como pareja. Con tales antecedentes, el lector advertirá que el asunto que se trae entre manos —nada menos que dar nombre a una nueva persona— tiene su miga: hay quien piensa que esta «segunda creación», por haber sido encargada al ser humano, es más importante que la primera, que se nos escapa de puro divina.

Poetas, místicos y filósofos le han dado vueltas al asunto desde el principio de los tiempos. Ya los egipcios otorgaron al nombre propio la categoría de reflejo del alma humana, y esa afinidad entre nombre y personalidad —¿y personalidad no es destino?— fue lo que condujo a los nombres descriptivos. Por azar o necesidad, otras culturas llegaron a igual conclusión. Centrados en nuestra tradición, tanto el patricio romano, como el guerrero visigodo o el artesano árabe que tuvieron que elegir un nombre para su bebé, lo hicieron pensando en el significado que encierra cada antropónimo y en las virtudes y cualidades que deseaban transmitir. Vaya, como quien lega una herencia.

Exageraciones aparte, creamos o no en un vago poder mágico de las palabras, de lo que no cabe duda es de la importancia de esta acción de tejas abajo, o sea, de su relevancia práctica: el nombre es muy nuestro, nos identifica y es la tarjeta de visita que nos presenta ante el mundo. Además, es de las pocas cosas que nos acompaña toda la vida, así que conviene que nuestra elección sea cuidada: la persona «recién nombrada» deberá sentirse a gusto con él, pues de otro modo... ¡tendrá toda una vida para reprochárnoslo!

Llegados a este punto conviene hacer una aclaración, tan obvia como ineludible: los nombres proceden de la antigüedad, recogen una rica tradición cultural, espiritual e histórica, y encierran un significado, que es un mensaje o una esperanza transmitida de padres a hijos; pero por encima de todo, es cada nueva persona, con su paso por la vida, quien carga de nuevo sentido a ese mismo nombre y quien lo convierte en un identificador irrepetible.

Junto al origen y significado, principal aspecto del estudio etimológico —un pozo de curiosidades y en cierto modo también un breve compendio de la historia de la civilización—, en cada una de las entradas de esta obra se registran algunas variantes del nombre: equivalentes semánticos y derivados; variantes filológicas y ortográficas; formas del nombre en otras lenguas, españolas y europeas, si difieren de la castellana; así como los hipocorísticos —es decir, las variantes afectivas y familiares— más habituales. Figura como entrada única la forma más común, pero en los casos en que el hipocorístico ha alcanzado entidad propia, o cuando se han borrado las fronteras que hacen percibir una variante extranjera como tal, entonces hemos procurado dar una entrada independiente para cada una de las formas.

También se consigna el día del santo, si existe, pues muchos nombres son adéspotas, es decir, carecen de santo patrón. Hemos tratado de elegir la onomástica más común, o la que se identifica con el santo más relevante, pero es frecuente que existan otras, igualmente válidas. Hoy día, por otra parte, cualquier combinación de letras es válida para componer un nombre. En los casos en que se opta por un nombre sin onomástica, lo habitual es asimilarlo, por semejanza fonética o semántica, a otro que sí la tenga: así el niño o la niña no se quedan sin fiesta.

Para la selección de los nombres hemos tratado de armonizar tradición y originalidad, puliendo las tendencias onomásticas extremas, es decir, descartando los demasiado tradicionales, si son nombres que pese a su rancio abolengo olvidan requisitos como la eufonía, y los demasiado novedosos, si su exotismo cae en lo ridículo o si su actualidad se percibe excesivamente coyuntural. Sí hemos querido atender las tendencias actuales, recogiendo nombres de otras tradiciones onomásticas o incorporando los que han sido puestos de moda por los personajes más famosos del momento. Al respecto hay que tener en cuenta que, llegado el momento de la elección, la eufonía —que suene bien— y la connotación —que lo haya puesto de moda algún personaje con carisma— cuentan tanto como la etimología. Por ello hemos enriquecido este diccionario con algunos nombres de portadores de estos antropónimos, más o menos ilustres, porque los caminos de la decisión de nombre son a menudo inescrutables.

Os deseamos una feliz elección.

Abreviaturas

a.C.	antes de Cristo	*húng.*	húngaro
al.	alemán	*ing.*	inglés
ast.	asturiano	*it.*	italiano
cat.	catalán	*neer.*	neerlandés
cf.	compárese	*nor.*	noruego
d.C.	después de Cristo	*On.*	onomástica
eus.	eusquera	*port.*	portugués
fr.	francés	*s.*	siglo
gall.	gallego	*scc.*	se celebra como
hip.	hipocorístico	*S/on.*	sin onomástica
hips.	hipocorísticos	*v.*	véase

A

Abarne *On. Domingo de Ramos*
Forma vasca de Ramos para el masculino y el femenino.

Abda *On. 30-7*
Del hebreo y árabe *abd*, 'siervo', sobreentendiéndose 'de Dios', aunque el nombre procede ya de un juez de Israel. Es femenino de Abdón.
Variantes: *cat.* Abdona (hip. Nona).

Abelarda *On. 2-1*
Adaptación medieval de Abel mediante el sufijo germánico *-hard*, 'fuerte', 'duro', presente en nombres y apellidos, como Velarde.

Abelia *On. 25-3*
Es la forma femenina de Abel. Puede proceder del hebreo *hevel*, 'fugacidad', 'vanidad', aunque otros lo estiman del asirio *habel*, 'hijo'.

Abigail *S/on.*
Procede del hebreo *ab-ghilah*, significa 'mi Padre es alegría', o también, referido a la portadora del nombre, 'fuente de alegría'.
Variantes: *ing.* Gail (hip.); *it.* Abigaille.
Abigail Lozano, poetisa venezolana (1822-1866).

Abir *S/on.*
Nombre árabe; significa 'fragancia'.

Abra *On. 16-3*
Nombre resultante de la concurrencia de varios, entre ellos *Abaris*,
del germánico Abrea, de *Eburin*, 'señor', y el femenino de Abraham, del
hebreo *Ab-hamon*, 'padre de multitudes'.

Abrilia *S/on.*
Era costumbre de los antiguos romanos asignar como nombre a un
recién nacido el del mes en curso. Entre éstos, acaso el más popular
era Abril, por el significado *aprire*, 'abrir', en alusión al inicio del buen
tiempo con la llegada de la primavera.

Abundia *On. 11-7*
De las palabras latinas *ab-undo*, 'fuera de onda', es decir, 'que se des-
parrama', surge *Abundus*, 'pletórico', 'abundante', muy utilizado por
los primeros cristianos para referirse al estado de gracia.
Variantes: Abundina, Abundancia; *cat.* Abúndia.

Acacia *On. 1-4*
En griego, *kakós* es 'malo', 'ruin', y al unírsele la partícula privativa *a-* se
forma *a-kakós*, 'no malo', o sea, 'bueno'. Con él se proclama la ausencia
de malicia de su portadora. En masculino era el sobrenombre del dios
Hermes, el Mercurio romano, perenne benefactor de la humanidad.
Variantes: *cat.* Acàcia; *gall.* Acacia.

Acracia *S/on.*
Nombre alusivo a los ideales anarquistas, propio de épocas revolucio-
narias. Del griego *a-kratos*, 'sin gobierno', o sea, 'libre'.
Variantes: *cat.* Acràcia.

Ada *On. 4-12*
Nombre hebreo, procede de *adah*, 'ornamento', 'belleza'. También es derivación de Hada, nombre de fantasía alusivo a los seres que pueblan los bosques de la literatura infantil y fantástica. También se emplea como hipocorístico de Inmaculada, Adela y Adelaida
Variantes: Adina, Adah; *cat. gall.* Ada; *it.* Adina.
Ada Negri, poetisa italiana (1870-1945). Ada Byron, matemática británica (1815-1852), hija de lord Byron. Adah Isaacs Menken, actriz y amazona estadounidense (1835-1868).

Adalberta *On. 22-4*
Nombre germánico, compuesto de *athal*, 'noble' y *berht*, 'brillante', significa, por tanto, 'famosa por la nobleza'. Es uno de los más extendidos nombres de origen germánico, con numerosos equivalentes.
Variantes: Adelberta, Aldaberta, Auberta, Etelberta; *ing.* Edelberta.

Adalgisa *S/on.*
De las voces germánicas *athal-gisil*, 'noble por la lanza'. Es un nombre corriente en Italia, bajo la forma *Adelchi* o *Algisa*.

Adalia *S/on.*
Nombre de la diosa del fuego en la mitología persa. Es posible también su origen germánico, con el significado 'de estirpe noble'. La variante Adalía es, en rigor, un nombre compuesto, aglutinación de Ada y Lía.

Adaya *S/on.*
Nombre bíblico; procede de *ada-ahu*, que significa 'adorno de Yahvé'. Aunque es masculino, por concordancia suele ser usado como femenino. Variante: *cat.* Adaia.

Adela *On. 8-9*

La raíz germánica *athal,* 'noble', forma parte de numerosos compuestos germánicos, y supone una incitación a quien lo lleva a comportarse con nobleza en cualquier situación. Curiosamente, hallamos en árabe la misma raíz, *Adel,* como título de dignidad con significado afín: 'equidad', 'justo'. También se usa en árabe la forma homófona *Adala,* 'trenzas', y en Libia se hace derivar de la raíz *Adisl,* 'fuerza'. Se emplea asimismo como hipocorístico de Adelaida y otros nombres de la misma raíz.

Variantes: Aleta, Delia, Adelia, Adelina, Adila, Edelia, Ethel; *al.* Adel; *fr.* Adèle; *ing.* Ethel; *it. eus.* Adele.

Adela Filleul, literata francesa (1761-1836). **Adele Faccio**, política italiana (1920). **Adela Dalto**, cantante estadounidense de jazz latino (1952).

Adelaida *On. 16-9*

Del germánico *adelheid,* 'de noble linaje', por *athal,* 'noble', y *heidus,* 'clase'. El nombre pregona la nobleza de su portadora, así como su perfección moral, si atendemos a sus resonancias en la cultura árabe, donde *adel* significa 'honradez' y es título distintivo de príncipes. Su patrona, santa Adelaida (931-999), reina de Italia y emperatriz de Alemania, confirmó tales expectativas, por la exquisita prudencia y bondad que mostró en su gobierno y en su labor altruista al amparo de los necesitados.

Variantes: Ale (hip.); *al.* Adelheid; *ing.* Adelaide; Ada, Addy (hips.).

Adelaida Zamudio, poetisa y novelista boliviana (1854-1928). **Adelaida Ristori**, actriz de teatro italiana (1822-1906). **Adelaida García Morales**, novelista española (1946).

Adelfa *On. 29-8*

Nombre de origen griego: *a-delphos,* literalmente 'sin matriz', es decir, 'hermano' (cf. *delph'ys,* 'matriz').

Adelia   *On. como Adela*
Nombre de origen gótico. Significa 'noble', y es variante de Adela.
Délie Dumont d'Urville, esposa del navegante descubridor de la tierra Adélie en 1840.

Adelina   *On. 3-2*
De la forma *Adelinus*, adjetivo latino de Adela; o directamente, de la forma germánica *athal-win*, en cuyo caso sería equivalente a Adelvina.
Adelina Patti, cantante de ópera italiana (1843-1919).

Adelinda   *S/on. scc. Adela*
Formado con la raíz germánica *athal*, 'noble' y el sufijo *-lind*, 'serpiente', animal sagrado en las mitologías germánicas, donde carecía de las connotaciones negativas de la cultura judeocristiana.

Adelvina   *On. 25-1*
Nombre germánico, de *athal,* 'de estirpe noble', y *win*, 'triunfo', se interpreta como 'noble por la victoria'. No es equivalente a Adelvisa, de origen distinto (*athal-wise*, 'de casta sabia').

Adina   *On. como Ada*
Nombre hebreo. Suele interpretarse como 'gentil', pero también tiene la acepción de 'sensible'. A veces se emplea como variante de Ada.

Adoración   *On. 6-1*
Su significado es 'reverencia', 'culto a Dios', y es un nombre místico evocador de la festividad de la Epifanía, por la adoración de los Reyes Magos al niño Jesús. Procede del latín *adoro,* formado por la partícula *ad-*, 'respecto a' y *oro*, que significa 'plegaria oral'.

Adria *On. 2-12*
De origen latino, es el nombre de una población italiana del Véneto, antiguo puerto que dio nombre al mar Adriático, y hoy situada 20 km tierra adentro. De él se derivaron los nombres Adriano y Adriana.

Adriana *On. 17-9*
Del gentilicio *Adrianus*, 'hijo de la ciudad Hadria o Adria', puerto del mar Adriático en tiempos del Imperio romano. El topónimo procede a su vez del latín *ater*, 'sombrío, negro como el carbón'. Por tener el patronazgo de san Adrián, hijo del césar Probo y oficial romano, modelo de entereza, que adoptó la fe de los cristianos a quienes perseguía y murió por ella hacia el 306, y del gran emperador Adriano (76-138), este nombre parece ofrecer a quienes lo llevan la grandeza de ánimo y el buen gobierno.
Variantes: Adrana, Adriana, Adriona, Hadriana; *fr.* Adrienne.
Adrienne Lecouvreur, actriz francesa (1692-1730). **Adriana Gabrielli**, diva de la ópera italiana (h. 1755-h. 1799). **Adrienne Rich**, poetisa estadounidense (1929).

Adsila *S/on.*
Nombre de mujer cheroqui; significa 'la que florece', 'muchacha en flor'.

África *On. 5-8*
Es el topónimo de uno de los continentes de la Tierra. De origen latino, su significado ha generado abundante especulación: tal vez proceda del griego *aprica*, 'expuesto al sol' o de *aphriko*, 'sin frío', 'cálido', o de *aourigha*, nombre de una de las primeras tribus que entró en contacto con Roma. Existe también la advocación a Nuestra Señora de África.
Variantes: Afra, Africana; *cat.* Àfrica.
África Abreu, modelo española (1973).

Agapita   *On. 6-8*
A partir del verbo griego *agapáo*, 'amar', se forma el participio *agapitós*, 'amable' o 'amado'. *Agapé* designaría más tarde la 'caridad', el amor fraterno que unía a las primeras comunidades cristianas.

Ágata   *On. 5-2*
Tan bello como el sonido de este nombre, evocador de la piedra preciosa y la flor homónimas, es su significado, directamente del griego *agathós*, 'bueno'. En la Edad Media se usó la forma Gadea, célebre por la iglesia burgalesa donde el Cid Campeador tomó juramento a Alfonso VI. Variantes: Águeda, Agda, Agacia, Gadea; *cat.* Àgada; *fr.* Agathe; *ing.* Agatha; *gall.* Ádega; *it.* Agata; *eus.* Agate.
Agatha Christie (Mary Clarissa Miller), escritora británica de novela policíaca (1891-1976). Ágatha Ruiz de la Prada, diseñadora de moda española (1960).

Aglaya   *S/on.*
Del griego *aglaía*, 'resplandor', es el nombre de una de las tres Gracias o Cárites de la mitología griega: la divinidad de la belleza 'resplandeciente'. Variantes: Aglaia, Aglaé, Glaia, Eglé; *cat.* Aglaia.
Aglaé Gavaudan, cantante francesa (1775-1837). Apollonie Sabatier (Aglaé Joséphine Sabatier), *la Presidente,* dama francesa, inspiradora de artistas (1822-1890).

Agnés   *On. 21-1*
Aunque suele considerarse una variante de Inés, lo cierto es que esta forma es anterior, pues procede directamente del griego *agné*, que significa 'sin mácula', 'casta'. Alude a la pureza de su portadora, al añadir a su significado original, por semejanza fonética, la evocación del *agnus Dei*, 'cordero de Dios', símbolo cristiano de la pureza y la inocencia.

Agripina   *On. 23-6*
Gentilicio femenino del nombre romano *Agrippa, que* significa, según Plinio, 'el que nace con los pies hacia fuera', o sea 'nacido de parto difícil'. Procede del avéstico *agro*, 'primero', y del latín, *pes*, 'pie'.
Agrippina Vaganova, danzarina rusa (1879-1951).

Agustina   *On. 28-8*
Gentilicio latino, significa 'de la casa de Augusto', en alusión a la nobleza de su portadora, pues el nombre del que deriva, *Augustus,* 'consagrado por los augures', fue uno de los más ilustres en Roma, expresivo de la dignidad imperial tras ser llevado por Octavio Augusto.
Variantes: Tina (hip.); *al. fr.* Augustine; *ing.* Austen; *it.* Agostina.
Agustina Saragossa i Domènech, Agustina de Aragón, heroína española (1786-1857).

Aída   *On. 2-2*
Puede considerarse una variante de Ada o de Adelaida. En realidad es un nombre creado por el libretista Piave para la ópera homónima de Giuseppe Verdi, estrenada en 1871, probablemente inspirado en Haidée.
Aída Gómez Agudo, bailarina y coreógrafa española (1967).

Aiko   *S/on.*
Nombre japonés de mujer; significa 'pequeño amor', 'amada'.

Aimberé   *S/on.*
Nombre tupi, que significa 'lagartija', animal que tradicionalmente se ha interpretado como un símbolo del alma en busca de la luz. El nombre está repleto de resonancias exóticas, y además de su hermosa sonoridad, induce a quien lo lleva a la mejora espiritual.

Aimoré *S/on.*
Antropónimo común entre los indios guaranís. Si bien su eufonía es evocadora del amor, su significado, incierto, parece ser 'mordedora'.

Aina *On. 26-7*
De origen hebreo, y con posible influencia del árabe *Ain*, 'fuente', es una variante de Ana frecuente en las islas Baleares, que gracias a su bella sonoridad se extiende al resto del país. Significa 'Dios tiene misericordia'. Variante: Ainona.

Ainabel *On. como Ana o Isabel*
Nombre de fantasía, formado por la aglutinación de Aina, forma balear de Ana, y de Isabel. También se presenta como Aynabel.

Ainoa *S/on.*
Nombre de la Virgen de este santuario, en la localidad homónima del País Vasco. Su significado nos es desconocido.
Variante: Ainhoa; Ainara (nombre concurrente, de origen distinto).
Ainhoa Arteta Ibarrolaburu, cantante de ópera española (1964).

Aitana *On. 25-3*
Nombre vasco femenino, deformación de Aintzane, la forma eusquera equivalente del nombre Gloria.
Aitana Sánchez-Gijón, actriz y directora de cine española (1968).

Aixa *S/on. scc. Isa*
Nombre de la segunda esposa de Mahoma (h. 614-678), muy frecuente en los países árabes. Quizá relacionado con el hebreo *ixa*, 'mujer'; se-

gún otros especialistas significa 'vital', 'activa'. Siguió siendo habitual entre los cristianos tras la Reconquista, y muy apreciado por la literatura.
Variantes: Aisha, Ayisha; *ing.* Aisha.

Akina *S/on.*
Nombre japonés de mujer; significa 'flor brillante', 'flor de primavera'.

Alana *On. 14-8*
Nombre germánico, gentilicio de los pertenecientes a una tribu bárbara. Tal vez proceda del céltico *alun*, 'armonía'. Concurre con otro nombre de muy distinto origen: en hawaiano significa 'ofrenda'.
Variantes: Naila; *fr.* Alaine.

Alba *On. 15-8*
Procede de la raíz indoeuropea *albh-*, 'blanco', en latín *albus*. De ahí el alba, por contraste con la oscuridad nocturna. Su presencia en la toponimia está atestiguada desde los tiempos más remotos, y Alb, en masculino, es el nombre de un mítico antecesor del ser humano. El antropónimo es imagen del resplandor de la aurora y de cuanto ha simbolizado en todas las culturas la blancura y el despertar a la vida.

Alberta *On. 15-11*
Variante del germánico *Athal-berht*, 'resplandeciente por la nobleza', más popular que su forma primitiva Adalberta. Tal vez proceda directamente de *All-berht*, 'totalmente noble'. Su onomástica celebra a san Alberto Magno, filósofo y mago, considerado el sabio más iluminado del siglo XIII.
Variante: Albertina; *fr. ing. al.* Alberte
Albertine Sarrazin, novelista francesa (1937-1967).

Alcestia *S/on.*
Del griego *alké*, 'fuerza activa'. En la mitología griega, Alcestis, ofreció la vida por la de su amado Admeto y luego fue devuelta a la tierra más joven y bella que nunca. El nombre recoge el arrojo de su portadora.

Alcina *S/on.*
Nombre creado por Ludovico Ariosto para un hada de su obra *Orlando Furioso,* a imitación, por sonoridad y etimología, de los nombres de la mitología. Está formado a partir de la raíz *alké,* 'fuerza'.

Alcíone *S/on.*
En la mitología griega, nombre de la hija de Eolo, el rey de los vientos. Alude a la serenidad de su portadora, que fue metamorfoseada por Zeus en alción, ave que, según la tradición, calma las tempestades.

Alda *On. 26-4*
Hipocorístico de muchos nombres germánicos cuyo primer elemento es *ald*, 'crecido, viejo, mayor', donde se encuentra la raíz indoeuropea *al-*, que significa 'crecer, alimentar' y se halla tanto en el latín *altus,* 'alto', como en el inglés *old* y en el alemán *alt,* 'viejo'. Como nombre con entidad propia, significa, por analogía, 'veterano', 'caudillo'.

Alegría *On. 8-9*
Nombre cristiano, tomado de jaculatorias a la Virgen, especialmente en las Letanías. Del latín *alacritas*, 'alegría, regocijo', extiende sobre quien lo lleva un aura de ligereza y animación. También es advocación mariana: Nuestra Señora de las Alegrías.
Variante: Alegranza; *cat.* Alegria.

Aleida   *On. 11-6*
Nombre griego: 'similar a Atenea'. Derivado de *Alea*, sobrenombre de
esta diosa, y del sufijo *-eydos*, 'similar a', 'con forma de'.
Variante: Aleyda; *cat. al.* Aleida.

Alejandra   *On. 26-7*
Fruto de la unión de los términos griegos *alexios,* 'apartar', y *andros,*
'hombre', se interpreta como 'la que rechaza al enemigo'. Evoca la capacidad de lucha de sus portadoras. Su patrón, san Alejandro, obispo de
Capadocia y Jerusalén, a finales del siglo II se esforzó por hacer avanzar
las ciencias, las artes y las letras, y el jefe macedonio Alejandro Magno
creó en el siglo IV a.C. de uno de los mayores imperios de la historia.
Variantes: Aleja, Alejandrina, Alexis; Sandra (hip.); *cat.* Alexandra; *fr.*
ing. al. Alexandre; *gall.* Alexandre, Alexandra; *eus.* Alesandere; *it.*
Alessandra; *gaél.* Alastair, Alister; *ruso,* Aleksandera.
Alejandra Fiodorovna, última zarina rusa (1872-1918). Alexandrine Tinné, explora-
dora holandesa (1839-1869). Alejandra Pizarnik, poetisa argentina (1936-1972).

Aleta   *On. como Alicia*
Forma variante de Aleth, ésta, a su vez, derivada de Alicia, de acuerdo
con su origen en la palabra griega *aletheia,* que significa 'sinceridad'.
Se emplea asimismo como variante del nombre Adela.

Alexia   *On. 9-1*
Forma femenina derivada de Alejo, así como Alexis, forma rusa.
También puede ser derivación directa del griego *a-lexios*, 'defensora',
en el sentido de 'la que rechaza al enemigo'.
Variantes: *cat.* Alèxia; *it.* Alessia

Alfonsa *On. 28-7*
Femenino del godo *Altfuns,* compuesto de *all,* 'todo'; *hathus, hilds,* 'lucha', y *funs,* 'preparado', significa 'guerrero totalmente pertrechado para el combate'. Por señalar la capacidad de lucha', el antropónimo ha gozado de la predilección de las casas reales españolas, italianas y portuguesas. Su patrón, san Alfonso María de Ligorio (1696-1787), brillante abogado y moralista, confirma el carácter batallador de quienes llevan este nombre también en el campo de la cultura y del pensamiento.
Variantes: Alonsa, Ildefonsa; *al.* Alfonse; *gall.* Afonsa; *ing. fr.* Alphonse.

Alfonsina *S/on. scc. Alfonsa*
Gentilicio de Alfonsa: 'pariente, relacionado con Alfonsa'. Aunque es variante del nombre Alfonsa, se utiliza más a menudo que éste.
Alfonsina Storni, poetisa argentina, de origen suizo (1892-1938).

Alfreda *On. 2-8*
De origen germánico. Su etimología más probable es *athal-fred,* 'noble protectora', pero se barajan otras dos: *ald-frid,* 'gobernante pacífica', y *alf-raed,* 'consejo de los elfos' en lenguas escandinavas. El nombre puede evocar conjuntamente las ideas de 'paz', 'nobleza' y 'buen consejo'.
Variantes: Aldofrida, Alefrida, Alfrida. Por semejanza fonética, se usó como equivalente del egipcio Farida: *Al-farid,* 'la incomparable'.
Variantes: *cat.* Alfreda; *fr.* Alfrede; *it.* Alfreda; *eus.* Alperde.

Alicia *On. 28-6*
Para este nombre se proponen dos orígenes distintos, gótico y griego. Puede considerarse hipocorístico de Adelaida, por el alemán *Adalheidis,* a través de las contracciones *Adalis* y *Aalis;* pero también hay quien le

otorga entidad propia, derivándolo de la voz griega *alethos*, 'real, verdadero, sincero'. Ambas etimologías coinciden en dar a las así llamadas la categoría de bien nacidas, por su noble origen y por la cualidad de decir siempre la verdad. Es también nombre de ensueño y maravilla, al evocar la historia de Alicia Liddell imaginada en 1865 por Lewis Carroll.
Variantes: Aleta, Aleteia, Aleth, Alina, Altea; Licha, Lilí (hips.); *fr.* Alice (hip. Alix); *ing. al.* Alice; *it.* Alissia.
Alícia de Larrocha, virtuosa del piano española (1923). Alicia Alonso, bailarina cubana (1923). Alicia Koplowitz, empresaria española, de origen judeoalemán (1951).

Alida   *On. 28-5*
Forma femenina de Alano (del celta 'alegre', 'armonioso') y también gentilicio de Élida, que en dórico es Helis.
Alida Valli (Alida Maria Altenberger), actriz de cine italiana (1921).

Alima   *S/on.*
Este nombre árabe señala a su portadora como una 'mujer sabia'.

Alina   *On. 16-6*
Es una forma hipocorística por contracción de Adelina, o tal vez diminutivo de Alicia. Tiene asimismo un posible origen celta como nombre original, con el significado de 'atractiva', 'graciosa'.
Variantes: Alena; Lina (hip.); *ing.* Aline.
Aline Pons, cantante francesa (1904-1976).

Alison   *S/on.*
De origen teutónico, este nombre, de gran popularidad en los países anglosajones, suele interpretarse como 'mujer de excelsa fama'.

Alma   *On. 26-7*
Concurren en este nombre varias sendas onomásticas: la latina *alma*, 'espíritu vivificador', por *alo*, 'alimentar'; la hebrea, con la palabra *alma*, 'doncella', a la que ha sido asimilada posteriormente, y por fin, la celta, donde con el nombre Alma se ensalzaba la 'bondad' de su portadora.
Alma Mahler (Alma Maria Schindler), compositora austríaca (1879-1964), esposa del músico Mahler, del arquitecto Gropius y del escritor Werfel, y amante del artista Kokoschka.

Almudena   *On. 9-11*
Procede del árabe *al madinat*, 'la ciudad'. Se trata de una advocación mariana española, popularizada por ser la de la Virgen patrona de Madrid.
Almudena Grandes, escritora española (1960).

Alodia   *On. 22-10*
Nombre teutón; tal vez del término jurídico *all-od*, 'tierra íntegra, libre'; aunque más probablemente de *all-audo*, 'gran riqueza', 'muy apreciada'.

Aloha   *S/on.*
Nombre hawaiano, que significa 'amistad'. Es utilizado asimismo como saludo, con el significado de 'bienvenida'.

Aloisia   *On. como Luisa*
Forma provenzal de Luisa, como sus variantes Aloisa, Aloísa, Aloíta, la catalana Aloísia y la anglosajona Aloysia.

Alomar   *S/on.*
Nombre de origen germánico; significa 'distinguida por la nobleza'.
Variante: Olomar.

Altair *S/on.*
De origen árabe, procede de la expresión *al-nasr al-ta'ir,* significa 'águila en vuelo'. Es el nombre de una estrella de la constelación del Águila. Como antropónimo, induce a sus portadoras a la elevación de miras.

Almira *S/on.*
Para este nombre, de origen celta, se proponen dos significados cercanos, ambos referidos al carisma de su portadora, capaz de ser admirada por todos: puede proceder de *Alamir,* por *ala,* 'todo', y *mir,* 'ilustre, famosa'; o ser quizá hipocorístico de Adalmira, 'famosa por la nobleza'.

Alvina *S/on.*
Nombre germánico, de *Albwin,* unión de *alb,* 'elfo', y *win,* 'amiga'. Según esta etimología, significa 'amiga de los elfos', criaturas mágicas de los bosques nórdicos lideradas por Oberón, y dadas a cometer travesuras, pero también a proteger a los débiles. Otros dan *ala* como primer elemento, con lo que su interpretación sería 'amiga cabal'.

Amada *On. 5-1*
Del latín *amatus,* 'amado', usado en la Edad Media por árabes conversos por el parecido fonético con *Ahmet,* 'laudable'.
Variantes: *cat. eus.* Amata; *fr.* Aimée; *it.* Amatta; *ing.* Amy (hip.).
Amy Frazier, jugadora de tenis estadounidense (1972).

Amadea *On. 31-3*
Femenino de Amadeo, formado en la cultura cristiana del latín *amatus a Deo,* 'amado por Dios'. Puede tener valor activo: 'que ama a Dios'. Lleva grabado el sentido de la rectitud y la devoción.

Amalia *On. 10-7*
Nos habla este nombre de una amorosa y tierna amistad. Del griego *amalós*, 'tierno', 'débil', 'suave', aunque en la Edad Media concurrió con el germánico *Amalvinus*, formado con las raíces *Amal*, nombre de un dios, y *win*, 'amigo'. Pese a su similitud fonética, no tiene relación con Amelia.
Variantes: *al.* Amalie; *cat.* Amàlia; *eus.* Amale.
Amalia Jenks Bloomer, diseñadora de modas y sufragista estadounidense (1818-1894). Amàlia Rodrigues, cantante portuguesa, considerada la «ama del fado» (1920). Amalia Avia, pintora española (1930).

Amancia *On. 10-2*
Del latín *amans*, 'amante'. En la práctica, sinónimo de Amada.
Variante: *cat.* Amància.

Amanda *On. 6-2*
Concurren en este nombre dos fuentes de origen muy diverso. Por un lado, el latín *amandus*, 'digno de ser amado', y, por otro, el germánico *ald-mann*, 'hombre ilustre', 'caudillo famoso'.
Variantes: Amante, Amandina; *fr.* Amandine; *eus.* Amande.
Amanda Coetzer, jugadora de tenis sudafricana (1971).

Amane *On. como Maternidad*
Forma vasca de Maternidad, advocación mariana. Es un derivado de la voz *ama*, que significa 'madre'.

Amara *On. 10-5*
Derivado portugués de Maura, 'mora'; aunque también es usado como variante de Audomara, 'ilustre por sus riquezas'.

Amaranta *On. 7-11*
Del latín *amarantus*, a su vez del griego *amáranthos*, 'inmarcesible'.

Amarilis *On. 5-10*
Inspirándose en una flor: *amarakon* en griego, derivación de *amarysso*, 'brillar', Virgilio puso este nombre a una pastora de sus églogas y más tarde los retomaron los autores pastoriles del Renacimiento.
Variantes: *al.* Amaryllis; *cat.* Amaril·lis.

Amaya *On. 9-6*
Aunque es nombre corriente en el País Vasco, por Amaya, personaje de la leyenda del caballero Teodosio de Goñi, supuesto origen de la devoción a san Miguel, patrón del país, su significado es incierto. Nada tiene que ver con Maya, nombre de la mitología griega adaptado del de una diosa sánscrita, por *maya*, 'ilusión'.
Variantes: Amaira, más frecuente como apellido; *cat. eus.* Maia.
Amaya Uranga, cantante española, vocalista del grupo *Mocedades* (1944).

Ambrosia *On. 7-12*
De origen griego: *an-brótos*, 'no mortal', es decir, 'divino', propio de aquel cuya sangre no brota o no puede ser derramada. Del mismo origen es ambrosía, con el significado de 'alimento que proporciona la inmortalidad' o directamente 'inmortalidad'.
Variantes: *cat.* Ambròsia; *fr.* Ambroise; *ing.* Ambrose; *it.* Ambrogia.

Amelia *On. 10-7*
De origen incierto, se proponen tres etimologías: puede ser hipocorístico de Amalberga, formado con la voz germánica *Amal*, 'trabajo', que

dio nombre a la tribu de los amalos, y *berg*, que significa 'protección'; otros especialistas en onomástica dan la raíz germánica *win*, 'amistad', como segundo elemento; y una tercera etimología deriva el nombre del griego *amále*, 'melosa, dulce, delicada, sensible'.

Variantes: Amelberga, Amalberga, Amalia; *cat.* Amèlia; *fr.* Amélie.

Amelia Earhart, aviadora estadounidense, la primera mujer que cruzó el Atlántico y el Pacífico (1898-1937). Amelia Peláez, pintora y ceramista cubana (1897-1968). Amelia de la Torre, actriz española (1905-1987).

América   *On. 4-11*

El nombre del famoso cartógrafo que acabó bautizando el continente descubierto por Colón no tiene un origen claro. Puede ser gentilicio de América, ciudad de la región italiana de Umbría.

Amina   *S/on.*

En la cultura árabe, 'leal', 'defensora', y también 'creyente', 'devota'. Es muy apreciado por su bella sonoridad y significado, que pregona la fidelidad de quien lo lleva tanto a Dios como a los hombres. Posee además el patronazgo de Aminah, la madre del profeta Mahoma.

Amparo   *On. 11-5*

Por su origen, este nombre es como un amuleto. A sus portadoras no debe faltarles nunca alguien que las proteja, que les tienda una mano. Así lo proclama el latín *manuparare*, 'tender la mano', 'proteger' (cf. con la terminación germana *-mund*, 'protección', presente en Edmunda y Segismunda). Popular en toda España, sobre todo en el País Valenciano, cuya capital tiene por patrona la Virgen de los Desamparados.

Variantes: *cat.* Empar; *gall.* Amparo.

Amparo Dávila, poetisa mexicana (1928). **Amparo Rivelles**, actriz de cine y teatro española (1925). **Amparo Larrañaga**, actriz española (1959).

Ana   *On. 26-7*

Compasión y gracia benéfica son las virtudes que se les suponen a las portadoras de este nombre, que cuentan con el patronazgo de santa Ana, madre de la Virgen María. Derivado del hebreo *Hannah*, que significa 'la graciosa', según unos etimologistas, y 'la compasiva', según otros, que lo hacen derivar de *Hananya* o Ananías, 'Dios ha tenido misericordia'. En la civilización caldea *Ana* era el espíritu que regía el cielo, y el mismo nombre hunde también sus raíces en las culturas griega y romana. Por su hermoso significado y sonoridad, se trata de uno de los antropónimos más antiguos y universalmente utilizados.

Variantes: Anabel, Arabela, Anabella, Anita, Anaís. ; *ast.* Anaonda; *al. it. cat.* Anna; *fr.* Anne (hips. Annette, Nanette, Anouk, Anaïs); *ing.* Hannah, Ann, Annie (hips. Nancy, Nanny); *eus.* Ane; *bal.* Aina.

Anna Matveievna Pavlova, legendaria bailarina rusa (1885-1931). **Ana Mariscal** (Ana María Rodríguez Arroyo), actriz y directora de cine española (1923-1995). **Annie Leibovitz**, fotógrafa estadounidense (1950). **Anna Magnani**, estrella de cine italiana, de origen egipcio (1908-1973). **Anita Desai**, figura de la literatura india contemporánea (1937). **Ana María Matute**, escritora española (1926).

Anabel   *On. como Ana*

Nombre procedente de Escocia, donde *Annabel* significa 'amable' y es incluso anterior a *Anne*. Entre nosotros solemos considerarlo variante de Ana, así como un compuesto de Ana e Isabel, que acumula en un único nombre los significados de sus dos componentes, otorgando a quienes lo llevan las virtudes de gracia y compasión y el don de la salud.

Variantes: Anabella, Arabella; Mabel (hip.); *cat. ing. fr.* Annabel; *ing.* Annabella, Arabella; *fr.* Annabella.

Arabella Estuardo, hija de Carlos Estuardo, pretendiente al trono inglés (1575-1615). Anabel Alonso, actriz de cine española (1964).

Anahí   *S/on*
Nombre caribeño, quizá adaptación hipocorística de Ana. En guaraní, alude a la bella flor del ceibo. También puede haber coincidido fonéticamente con el antropónimo tupí Anajá.

Anais   *On. como Ana*
Nombre femenino de origen hebreo, variante de Ana, alude, por tanto a la facultad compasiva de su portadora. Es muy popular en Francia.
Variantes: Anas, Nais; *cat.* Anaís; *fr.* Anaïs.

Anaïs Nin, escritora estadounidense, de ascendencia hispano-cubana (1903-1977). Anas Séalas, poetisa francesa (1814-1895).

Anajá   *S/on.*
Nombre tupí de un tipo de palmera con frutos natural de América del Sur. Es una alusión a la fecundidad y la alegría de la naturaleza.

Anastasia   *On. 15-4*
Este nombre encierra uno de los deseos más hondos de la humanidad: la resurrección. Procede del verbo griego *anístemi,* 'hacer levantar', 'resucitar'. Como nombre propio, hace referencia a la resurrección de Cristo, y expresa el deseo que quien lo lleve 'renazca' en el seno de la Iglesia. Su patrona, santa Anastasia, fue fiel a su nombre al recuperar las reliquias de san Pedro y san Pablo para enterrarlas en sagrado.

Variantes: *ast.* Nastasia; *cat.* Anastàsia; *fr.* Anastasie; *eus.* Anastase.

Anastasia, princesa rusa, esposa de Iván IV el Terrible, sobre quien ejerció una notable influencia (1533-1560).

Andrea   *On. 30-11*

Procede de la familia léxica de *anér,* en griego 'hombre', y de *andréia,* que significa 'valentía'. Proclama las cualidades «viriles» de su portadora, como el valor, la fortaleza y el arrojo. Por su hermosa sonoridad, en época reciente se está extendiendo su uso como nombre femenino.

Variantes: Andreína, Andresa; *fr. gall.* Andrée; *eus.* Andere.

Andrée Chedid, escritora egipcia en lengua francesa (1942). **Andie MacDowell**, actriz y modelo estadounidense (1958).

Anduriña   *S/on.*

Nombre gallego sin equivalente; significa 'golondrina'.

Àneu   *On. 8-9*

Nombre de la Virgen en un santuario de Esterri d'Aneu, población del Pirineo catalán. De difícil interpretación, por ser voz céltica o precéltica: *ave,* quizá con el significado de 'debajo', aplicado a un topónimo.

Ángela   *On. 2-10*

Cada vez que se pronuncia este nombre se nos invita a pensar en una de las creencias más atractivas de cuantas ha construido la humanidad. El significado del antropónimo es el mismo que conserva el nombre común: 'ángel', del latín eclesiástico *angelus,* que es como se llaman en la Biblia los 'enviados de Dios', a partir del griego *aggelos,* 'mensajero'. La fe cristiana en un mundo sobrenatural habitado por espíritus es herencia

del judaísmo, que a su vez heredó de los pueblos primitivos con religiones animistas, para quienes todo lo que existe en la naturaleza está dotado de alma, corazón y vida. De ahí derivó la creencia en el Ángel de la Guarda, el doble incorpóreo y bondadoso a carta cabal que toda persona tiene, para protegerla de cualquier mal y guiar su conciencia por el camino que cada religión considera más recto. Si tener o no tener ángel puede depender del nombre, está claro que llamarse así debe inducir a sus portadores a portarse de la mejor manera posible. Bondad obliga.
Variantes: Angélica, Angelina, Angelines; *ast.* Anxela; *fr.* Angèle; *gall.* Anxa; *ing.* Angele; *it.* Angela, Angiola; *eus.* Aingere, Gotzone.

Ángela Colbrán, cantante española (1785-1845). **Angela Lansbury**, actriz de cine estadounidense, de origen inglés (1925). **Ángela Molina**, actriz española (1956).

Ángeles   *On. 2-8*
Abreviatura de Nuestra Señora de los Ángeles.
Variantes: Angelines; Geles (hip.); *cat.* Àngels.

Ángeles Mastreta, periodista y escritora mexicana (1949). **Àngels Gonyalons**, cantante, bailarina y actriz española (1963).

Angélica   *On. 17-7*
Procede de *Angelicus,* latinización del nombre griego *angelos.*
Variantes: *al.* Angelika; *cat.* Angèlica; *gall.* Anxélica.

Anjelica Huston, actriz estadounidense (1951). **Angélica Catalani**, soprano italiana, primera diva de la ópera romántica (1780-1849).

Angelina   *On. 15-7*
Variante y diminutivo de Ángela.
Formas hipocorísticas: Geli, Gelina.

Angustias *On. 15-9*
Advocación mariana granadina, alusiva a la aflicción de la Virgen durante la Pasión de Jesucristo. Del latín *angustus*, 'angosto', 'difícil', procede de *ango*, 'apretar (la garganta)', por la correspondencia fisiológica entre la partícula *ang-* y la contractura de la garganta por el miedo (cf. con el castellano '*angosto*' o con el alemán *Angst, 'miedo'*).

Ania *On. 31-8*
Forma femenina de Aniano, patronímico latino de la familia romana *Annius*. Su significado es 'entregado a Anna Perena'. Se cristianizó por santa Ania, nodriza de san Mamés y mártir en Cesarea en el siglo III.

Aniceta *On. 12-8*
Nombre de origen griego: *a-niketos*, que significa 'invicto', por la partícula privativa *a-* y *niké*, 'victoria'.
Variantes: Niceta; *eus.* Nikete.

Anouk *On. como Ana*
Forma hipocorística francesa de Ana, de creciente popularidad.

Anselma *On. 21-4*
Formado con las voces germánicas *Ans*, nombre de un dios, y *helm*, 'casco' y, figuradamente, 'protección'.
Variantes: Salma, Selma (hips.); *fr.* Anselme.

Antona *On. como Antonia*
Forma hipocorística de Antonia. Es también su forma griega, identificable con Antima, por *anthimos*, 'florido'.

Antonia   *On. 23-6*
Como nombre romano, aparece sin familia léxica latina o griega, por lo
que se considera un préstamo, de probable origen etrusco, y su significado original se ha perdido. Pero la *gens* romana *Antonius* se encargó de
hallarle distintas etimologías, unas derivadas del griego *ánthos*, 'flor', que
daría la ideas de 'selecta', 'floreciente', 'seductora', 'jovial'; y otras con base en el prefijo griego *antí*, que aportaría el significado de 'combativa', y
daría desde *anti-onos*, 'anti asnos', 'enemiga de los burros', hasta *anti-
onios*, 'inestimable', 'sin precio, que no se puede comprar', pasando por
la significación directa 'defensora', por *anteo*, 'que se opone'. Se ha interpretado también como 'aquella que merece las alabanzas'.
Variantes: Tonia, Toña, Toñi, Antona, Antolina, Antonina; Chona,
Nonen (hips.); *fr.* Antoine; *gall.* Antía, Antona; *eus.* Andone.
Antonia Mercé, *la Argentina,* bailarina española de origen argentino (1890-1936). Maria
Antonieta Macciocchi, política y escritora italiana (1924). Toni Morrison, figura principal
de la narrativa afroamericana, en 1993 obtuvo el premio Nobel de Literatura (1931).

Anunciación   *On. 25-3*
Nombre mariano, evocador de la Anunciación del arcángel Gabriel a la
Virgen. Del latín *annuntio*, y éste de *ad-nuntio*, 'informar verbalmente'.
Variantes: Anunciata; *cat.* Anunciació; *it.* Annunziata, Nunziata.

Apolonia   *On. 14-2*
Del griego Apolo, divinidad solar. Como todos los relacionados con es-
te dios, el nombre atrae sobre su portadora la luminosidad del astro rey.
Variantes: Pola (hip.); *al.* Apollonia; *cat.* Apol·lònia; *eus.* Apolone.
Pola Negri (Bárbara Apolonia Chalupiec), figura del cine mudo alemana (1894-1987).
Apollonie Sabatier (Aglaé Joséphine Sabatier), *la Presidente,* musa francesa (1822-1890).

Aquilina   *On. 13-6*
Al evocar al Ave Fénix, el nombre suma la perseverancia y capacidad de superación a la soberbia de su animal heráldico. Derivado del latín *aquila*, el masculino *Aquilinus* significa 'como el águila'. Esta ave, símbolo del poder y de la altura, fue el icono imperial de las legiones romanas.

Araceli   *On. 2-5*
Este nombre latino se compone de dos palabras, *ara,* sinónimo de *altare,* 'altar', y *coeli,* genitivo de *coelum,* 'cielo', morada de dioses y héroes entre los romanos. Significa 'altar del cielo': en Roma, el santuario del monte Capitolio, antigua ubicación del templo pagano de Júpiter. Para los cristianos es una invocación a la Virgen, además del nombre de la piedra sagrada que se encaja en el altar y que es precisamente la que mantiene al creyente en comunicación con el cielo. En la mitología de América del Sur, *Ara* es símbolo del fuego y del Sol. En cualquier caso, el nombre parece impulsar a sus portadoras hacia las alturas.
Araceli Segarra, alpinista española (1971).

Aracema   *S/on.*
Sin tradición en nuestro país, este nombre de origen tupí está ganando popularidad más por su bella sonoridad que debido a su sentido. Significa 'bandada de papagayos' y cubre a quien lo lleva con un manto de exotismo y colorido.

Araci   *S/on.*
Entre los paraísos naturales donde habitan los indios guaranís, este nombre equivale a nuestra Alba, 'primera luz del día', uno de los significados más apreciados universalmente, pues evoca el despertar de la vida.

Aránzazu   *On. 9-9*
Forma castellana de una advocación mariana del País Vasco: Nuestra
Señora de Arantzazu, santuario situado en la falda del monte Aloña, en
el municipio donostiarra de Oñate. Procede del vasco *Ara-antz-a-zu*,
compuesto de *ara*, 'montaña o sierra', *antz*, 'picacho' y *zu*, 'abundancia',
significa 'sierra de muchos picos'. La tradición popular da otra etimología derivada de la voz *arant*, 'espino', y el significado 'tú en el espino', por la forma como se apareció la Virgen en aquel lugar.
Variantes: Aranzazu; Arantxa (hip.).
Arantxa Sánchez-Vicario, jugadora de tenis española (1971).

Arcadia   *On. 12-1*
Gentilicio de la Arcadia, provincia griega del Peloponeso, tierra de gran
feracidad que mereció el sobrenombre de 'feliz', mitificada en la antigüedad por poetas de la talla de Virgilio. Desde el Renacimiento se
convirtió en el lugar idílico por excelencia.

Argimira   *On. 21-7*
Nombre de origen germánico: *Argimir*, derivación de *harjis-meris*, 'ejér-
cito famoso'. Tal vez proceda de *ercanmir*, 'insigne', 'de noble cuna'.
Variantes: Argemira; *gall.* Arximira.

Ariadna   *On. 17-9*
Del griego *ari-adné*, 'muy santa'. En la mitología griega, nombre de la
hija de Minos y Pasífae, desdichada amante de Teseo, al que dio un
ovillo para poder orientarse en el laberinto del Minotauro.
Variantes: *al.* Ariadne; *fr.* Ariadne, Ariane; *it.* Arianna; *eus.* Arene.
Ariadna Gil, actriz cinematográfica española (1969).

Ariana *On. 17-9*
Latinización del griego Aria, derivado de Ares, dios de la guerra. Es una forma distinta de Ariadna, aunque se confunde con ella.
Ariane Mnouchkine, directora francesa de teatro (1939).

Arlet *S/on.*
Nombre medieval francés, *Arlette* o *Herlève*, famosa amante del rey Enrique II Plantagenet. Seguramente es derivación de un gentilicio de *Arelate*, antiguo nombre de la ciudad de Arlés. Quizá sea metátesis del antiguo inglés *alrett*, 'bosque de alisios'.
Arlette Léonie Bathiat, *Arletty*, actriz francesa (1898-1992).

Armanda *On. 8-6*
De origen germánico: *hard-mann*, 'hombre fuerte'. A pesar de su etimología, este nombre hace referencia al vigor y valentía de sus portadoras, facultades no exclusivas, por supuesto, del sexo masculino.
Armande Béjart, actriz francesa, esposa de Molière (1642-1700).

Armida *S/on.*
Tal vez sea contracción de *Arminfrida,* que significa 'el amparo de la fuerza'. Es un nombre creado en el Renacimiento por Torcuato Tasso, a partir de componentes germánicos, para el personaje de la hechicera de su obra *Jerusalén Libertada.*

Arnalda *On. 10-2*
Nombre germánico: *Arin-ald*, 'águila gobernante' o, figuradamente, 'caudillo fuerte', por las virtudes simbólicas del águila.
Variantes: Arnolda; *fr.* Arnauda; *ing.* Arnolde; *it.* Arnolda.

Arnulfa   *On. 18-7*
En este nombre, típicamente germánico, de *arn*, 'águila', y *wulf*, 'lobo',
se suman las cualidades representadas por dos animales de rica tradición
simbólica entre los pueblos guerreros europeos: la fuerza y el ardor para
la lucha del lobo, la realeza y la tendencia hacia las alturas del águila.
Variantes: *al*. Arnulfe; *eus*. Arnulbe.

Aroa   *On. 5-7*
Recuperado en los últimos tiempos gracias a su buena sonoridad, suele
considerarse de origen germánico, derivado de la voz *ara*, 'buena persona, de buena voluntad'. Sin embargo, no quedan ahí las connotaciones positivas de este nombre, topónimo de origen remoto, que atrae sobre quien lo lleva un sinfín de imágenes exóticas y paraísos lejanos,
tanto de la misteriosa América de los indios araucanos, como de los fon-
dos marinos salpicados de perlas de las islas indonesias de Aroe.

Arrene   *S/on.*
Nombre eusquera sin equivalente; significa 'oración'.

Arsenia   *On. 19-7*
Del griego *arsén*, 'viril'. Muy popular en Francia.
Variantes: *cat*. Arsènia; *fr*. Arsène.

Artemia   *On. 18-2*
Derivación del nombre de Artemias, diosa de la naturaleza y de la caza
en la mitología griega, que significa 'día-noche' y es símbolo lunar. Otra
interpretación ve su origen en *artios*, 'completo', 'exacto', 'perfecto'.
Artemisa Gentileschi, pintora italiana (1597-1651).

Ascensión   *On. jueves de la sexta semana de Pascua*
Nombre cristiano, evocador del misterio de la Ascensión de Jesús a los cielos. Del latín *ascendo*, compuesto de *ad-*, 'hacia', y *scando*, 'trepar, escalar'. Es un voto a la mejora continua de quien lo lleva, pues de su significado emana la sublimación de la naturaleza volcada hacia lo más elevado.
Variantes: Ascen, Chon (hips.); *cat*. Ascensió; *eus*. Egone.

Aspasia   *On. 2-1*
Del griego *aspasía*, 'bienvenida', 'deseada', posiblemente aplicado como fórmula natalicia de buen augurio. Tuvo como referente en la antigüedad a la amante de Pericles, el político griego que dio nombre a la era de mayor esplendor cultural de Grecia.

Astarté   *S/on.*
Antiguo nombre de la diosa del amor en los pueblos de Mesopotamia y Fenicia; transcrito de diversas formas: en sidonio, *Astaroth*; en la Biblia, *Asthoret* y en griego, *Astarod*.

Asteria   *On. 3-3*
Del griego *aster*, que significa 'estrella'. Entre sus muchos sinónimos se cuentan Astía, Asteya, Citlalli, Estrella, Estela, Esteriza.
Variantes: *cat*. Astèria; *fr*. Astière; *eus*. Astere.

Astrid   *On. 2-1*
Forma nórdica de Anstruda, correspondiente al germánico Ansitruda, de *ans*, uno de los ases o dioses, y *trut*, que significa 'querido': 'querida de los dioses'. Es un nombre popular en los países escandinavos.
Astrid, reina de Bélgica, esposa de Leopoldo III y madre de Balduino I (1905-1935).

Asunción   *On. 15-8*
Si Ascensión fue la subida de Jesús al cielo, este nombre glorifica el tránsito de la Virgen, que no ascendió por sí misma, sino 'asumida' por Dios, pues en latín *assumo*, significa 'atraer hacia sí'. Con este nombre se proclama el continuo esfuerzo por mejorar de quien lo lleva.
Variantes: Asunta; Asun, Chon (hips.); *cat.* Assumpta; *ast; gall.* Asunta; *fr.* Assomption; *it.* Assunta; *eus.* Jasone, Yasone, Eragone.
Asunción Bastida, diseñadora de alta costura española (1902-1984). Assumpta Serna, actriz cinematográfica española (1957).

Atanasia   *On. 12-8*
Del griego *a-thanatos*, significa 'sin muerte, inmortal'.
Variantes: *cat.* Atanàsia; *fr.* Athanase.

Atocha   *On. 10-7*
Advocación mariana. Se cuenta que la imagen de la Virgen, llevada a Madrid por un apostol de Antioquía, fue venerada en una ermita contigua a unos atochales o campos de esparto, por el árabe *taucha*, 'esparto'.

Audrey   *On. 18-6*
Nombre inglés, de origen germánico. Significa 'noble y fuerte'.
Variante catalana: Odra.
Audrey Hepburn, actriz inglesa de origen belga, gran leyenda del cine (1929-1993).

Augusta   *On. 27-3*
De *Augustus,* 'consagrado por los augures', este nombre fue uno de los más ilustres en Roma, expresivo de la dignidad imperial tras ser llevado por Octavio Augusto (63 a.C.-14 d.C.), primer emperador romano.

Aulina *On. 12-2*
De origen dudoso, quizá femenino de Aulo, prenombre romano, présta-mo del griego *aulé,* 'corral, patio interior'. Significaría así 'nacida al aire libre'. Puede ser diminutivo del latín *auulus,* y significar 'vieja y dulce'.

Aura *On. 4-10*
Nombre de origen latino, procede de la palabra *aura,* 'soplo, existen-cia o aliento'. También se da como variante de Oria o de Áurea.

Áurea *On. 16-6*
Del latín *aureus,* 'de oro, dorado', y, figuradamente, 'encantadora', 'bella', en referencia a Venus, denominada así por la riqueza de sus templos.
Variantes: Orora, Orea, Oria, Aura, Auria, Aurina.

Aurelia *On. 25-9*
Del latín *aurelius,* 'de oro, dorado', como Áurea.
Variantes: Aureliana; *cat.* Aurèlia, Oriola; *fr.* Aurèlie, Aurélienne.
María Aurèlia Capmany, escritora española en lengua catalana (1918-1991).

Aurora *On. 8-9*
La aurora o el Oriente. Del latín *aurora,* nombre en la imaginación poética de la diosa del alba, por el color dorado (*ab auro*) que acom-paña la salida del Sol. El origen del nombre es indoeuropeo, ya pre-sente en la voz védica *usráh,* que significa 'de la mañana'.
Variante: Orora (cf. con *el alemán* Ostern y el inglés Easter, 'Pascua').
Aurore Dupin, conocida como *George Sand,* novelista francesa (1804-1876). Aurora Bautista, actriz y cantante española (1925). Aurora de Albornoz, poetisa y crítica li-teraria española (1926-1990).

Auxilio   *On. 24-5*
Nombre de una advocación de la Virgen: Auxilio de los Cristianos. Procede del latín *auxilium*, 'socorro, protección', o más propiamente, 'aumento de energías', por su componente *augeo*, 'acrecentar'. Se usa comúnmente en su forma compuesta María Auxiliadora.

Ava   *S/on.*
De origen incierto, se ha propuesto como significado 'heredad'. Suele ser hipocorístico de nombres comenzados por esta partícula. Otra interpretación lo considera un nombre de fantasía, muy popular en Estados Unidos, inspirado probablemente en el de Eva.
Ava Gardner, actriz de cine estadounidense, «el animal más bello del mundo» (1922-1990).

Avelina   *On. 31-5*
Gentilicio de la región de Abella, la actual Avella, en la Campania italiana. Tiene el mismo origen etimológico que la palabra 'avellana', pues estos frutos secos fueron llamados *nuces abellanae precisamente* por ser tan abundantes en esas tierras.

Avita   *On. 5-2*
Nombre de origen latino, procede de *Auitus,* que significa 'heredado del abuelo o de la abuela' (por *auus*: 'abuelo, antepasado'), y también, por extensión, 'legítimo'.

Axela   *On. 22-4*
Femenino de Axel, abreviatura danesa de Absalón. Llegó a ser tan popular en Dinamarca desde el siglo XII que los habitantes de este país eran denominados *axelssönerna*, 'los hijos de Axel'.

Azaela *S/on.*
Nombre de origen hebreo *as'ah-el*, que significa 'hecho de Dios'.
Variante: *cat.* Hazaela.

Azahara *S/on.*
Nombre de origen árabe, que significa 'la libre'. Se extendió en nuestro país por la esposa de Abderramán III, en cuyo honor se levantó la ciudad de Medina Zahara, cercana a Córdoba.

Azalea *S/on.*
Nombre de origen griego, a través del latín botánico *azalea,* que significa 'árido, sin agua'. Por esta característica resistencia a la sequía, es el nombre de un arbusto de la familia de las eriáceas de muy hermosas flores, en alusión a las cuales es usado como nombre femenino. Otra interpretación da como significado 'perdonada por Dios'.
Variantes: *ing.* Azalea, Azalee; *port.* Azálea.

Azucena *On. 15-8*
De origen árabe: *açuçena*, 'lirio', por la pureza de su blancura, y como símbolo de estos atributos en la mujer. Como Liliana, reúne dos tradiciones onomásticas: la alusión a la hermosura de una flor (cf. Camelia, Dalia, Gardenia, Rosa) y a la blancura (cf. Blanca, Cándida, Nieves, Clara).
Variantes: *cat.* Assutzena.

B

Baia *On. como Eulalia*
Forma gallega de Eulalia. Su uso se ha extendido al resto del país.

Bakerne *On. como Soledad*
Forma eusquera de Soledad.
Variante: Bakarne.

Balbina *On. 31-3*
Nombre de origen romano: *Balbinus*, 'relativo a, de la familia de
Balbo' (éste, a su vez, de *balbus*, 'tartamudo').
Variantes: *ast*. Balba; *eus*. Balbiñe.
Santa Balbina, mártir romana del siglo II.

Baldomera *On. 27-2*
Del germánico *bald-miru*: *bald*, 'audaz, valiente' y *miru*, 'ilustre, insig-
ne'. Antaño muy popular, hoy algo en desuso.
Variantes: Balda (hip.).
Baldomera Larra, hija del escritor y periodista romántico, célebre por su negocio de
préstamos y por ser amante del rey Amadeo de Saboya.

Baldovina *On. 15-7*
Nombre germánico; procede de *bald*, 'valiente', y *win*, 'amigo'; se in-
terpreta como 'la amiga intrépida' o 'audaz en la amistad'.
Variantes: Baldovina, Balduina; *cat*. Balduina; *fr*. Baudouine.

Baltasara *On. 29-3*
Se han propuesto distintos orígenes. No parece válida la interpretación
eslava, *Beli-tzar*, 'rey blanco', en especial cuando Baltasar es el nombre
por excelencia del rey mago negro de la leyenda medieval. Otra etimología lo da como versión del persa *Beltshazzar*, 'príncipe de resplandor'.
Lo más probable es que proceda del asirio *Bel-tas-assar*, 'que el Señor (el
Baal fenicio) proteja al rey', a través del hebreo *Belshazzar*. Por la sim-
bología de 'rey', el hombre arquetípico, se interpreta como una invocación a Dios para que proteja la vida de quien lleva este nombre.
Variantes: Sara (hip.); *fr.* Balthazare.

Bárbara *On. 4-12*
La palabra de origen griego *bárbaros*, 'extranjero', estaba inspirada en
la onomatopeya *bar-bar*, con la que se quería expresar el sonido ininte-
ligible, para los griegos, de las lenguas extrañas. Fue adoptado como
adjetivo por los romanos, y a ese uso antiguo se añadió un sentido pe-
yorativo cuando las tribus ajenas al Imperio decidieron invadirlo y cometer 'barbaridades'. Con todo, el aire 'salvaje' que emana de este
nombre tiene también una lectura positiva, al aludir a la entereza y fortaleza de carácter de sus portadoras, empezando por la patrona santa
Bárbara, a quien se invoca para aplacar tormentas e incendios.
Variantes: Bara, Barby (hips.); *ast.* Bárbula; *eus.* Barbare; *fr.* Barbare
(hip. Babette); *ing.* Barbara (hip. Babs); *ruso*, Várvara.
Bárbara de Braganza, reina de España, mecenas de músicos y artistas (1711-1758).
Bárbara Campanini, *la Barbarina,* bailarina y filántropo italiana (1721-1799). **Bárbara
Fugger**, empresaria alemana, origen de la expansión de la casa Fugger (1407-1499).
Barbra Streisand, actriz y cantante estadounidense (1942). **Bárbara McClintock**, biólo-
ga estadounidense (1902-1992), premio Nobel de Medicina en 1983.

Bartira   *S/on.*
Nombre tupí, que significa 'lirio'. Forma parte de una nueva generación de nombres exóticos, pero sigue la tradición occidental de enriquecer la onomástica con la belleza y las simbologías de las flores, en este caso por la alusión a la pureza, inocencia y virginidad.

Bartolomea   *On. 19-5*
Nombre arameo, su forma primitiva es *bar,* 'hijo' y *Talmai,* 'abundante en surcos', probable apodo de un arador. Por extensión de este significado 'con muchas arrugas', daría lugar a 'anciano', y a las virtudes asociadas, como sabiduría, templanza y veteranía.
Variantes: Bartola (hip.); *cat.* Bartomea; *gall.* Batomea; *it.* Bartolomea, Bàrtola; *eus.* Bartolome.

Basila   *On. 14-6*
Femenino de Basilio, a partir del griego *Basíleios,* 'principesco', 'regio', adjetivo del nombre de probable origen minoico *Basíleus,* 'rey'. En masculino está muy difundido en el ámbito de la iglesia ortodoxa, especialmente en Rusia, donde Vassili es el nombre más frecuente tras Iván. Basileia era la capital de la imaginaria Atlántida platónica.
Variantes: Basilea, Basiliana, Basilisca, Basílides, Basilisa; *cat.* Basília; *fr.* Basile; *gall. it. ing.* Basile; *eus.* Basila.

Baucis   *S/on.*
Nombre mitológico griego, vinculado a la fábula *Filemón y Baucis,* de Ovidio, esposos salvados del diluvio por su hospitalidad con Zeus y Hermes. De origen desconocido, quizás de *bauca,* 'copa'; aunque por la referencia citada también se ha interpretado como 'la hospitalaria'.

Beatriz *On. 29-7*
Femenino del adjetivo latino *beatus,* 'feliz, bienaventurado'. Se extendió su uso a partir de la primera palabra del Sermón de la Montaña: «Bienaventurados los pobres de espíritu...». En masculino el mismo texto dio Buenaventura, del latín, y Macario, del griego. El nombre es un voto a la buena ventura; quienes lo llevan están llamadas a dar felicidad y una vida nueva a sus seres queridos, como se la dio a Dante Beatriz Portinari, símbolo de la fe y guía y protectora espiritual.
Variantes: Beata; Bea, Beva, Biche (hips.); *cat.* Beatriu; *fr.* Béatrice; *gall.* Beatriz; *ing. al.* Beatrix; *it.* Beatrice; *eus.* Batirtze.
Beatriz Portinari, dama florentina, amada por Dante e inspiradora de *La Divina Comedia* (h. 1265-1290). Beatriz Galindo, *la Latina,* erudita española (1475-1535). Beatrix Potter, escritora e ilustradora británica de libros infantiles (1866-1943).

Becky *On. como Rebeca*
Forma hipocorística de Rebeca, por influencia del inglés.
Variante: Beck.

Begonia *On. 11-10*
Nombre femenino, tomado del de una planta tropical, muy apreciada como adorno de interior por la belleza, elegancia y duración de sus flores. Fue traída a Europa por el botánico Bégon, apellido a su vez procedente de *bègue*, que significa 'tartamudo'.
Variantes: *al.* Begonia; *cat.* Begònia.

Begoña *On.1-1*
Nombre vasco, toponímico del lugar donde se venera a la Virgen de Begoña, santuario bautizado de modo descriptivo como *beg-oin-a*, 'lu-

gar del cerro dominante'. Con este nombre se evoca toda la magia de un monte sagrado donde desde tiempos remotos se han concentrado las fuerzas de la naturaleza. Pese a que suelen confundirse, nada tienen que ver los nombres de Begoña y Begonia.

Variantes: *cat.* Begonya; *gall.* Begoña.

Begoña Fernández, periodista española, esposa de Jesús Hermida (1963). Begoña Aranguren, periodista española, esposa de José Luis de Villalonga (1969).

Bela   *S/on. scc. Isabel*
Forma húngara de Adalberto, 'de estirpe noble'. Por concordancia, se emplea también como nombre femenino.
En los países de habla hispana suele ser hipocorístico de Isabel.

Belarmina   *On. 13-5*
Nombre asimilado a la expresión italiana *bell'arma*, 'alma buena', fue el apellido de un san Roberto, apologético jesuita italiano. Otra interpretación, verosímil, lo considera una derivación de *Guglielmo*, Guillermo.
Variante: *cat.* Bel·larmina.

Belén   *On. 25-12*
En hebreo *Bethlehem* es el 'hogar donde se hace el pan'. Como fue en esta localidad palestina donde los Evangelios sitúan la venida al mundo de Jesucristo, el nombre ha pasado a significar 'casa de Dios'. Así, quienes se llaman como la ciudad de Belén, elegida para la buena nueva, llevan grabado en el nombre un destino dichoso.
Variante: *cat.* Betlem.

Belén Rueda, actriz y presentadora de televisión española (1963). Belén Gopegui, novelista española (1963).

Belinda *On. como Belén*
Derivación medieval de Berlinda, Berelendis o Baralides , nombre germánico compuesto de *bern*, 'oso', y *lind*, 'escudo' (o, en otras interpretaciones, 'dulce'), Significa 'defensa del guerrero'. Por influencia anglosajona ha pasado a ser considerado variante de Belén, y, en España, también de Berlinda (de *bera*, 'oso', famoso por un conde de Barcelona).
Variantes: Belina.

Belinda, esposa de Roldán, célebre paladín franco del siglo VIII. **Belinda Carlisle**, cantante estadounidense (1964). **Belinda Washington**, presentadora de televisión española (1963).

Belisa *S/on.*
Nombre latino, retomado por la literatura del Siglo de Oro por un personaje de la mitología griega, hija de Dánao y sobrina de Belo. Procede de *belis*, 'esbelta', variación del nombre mitológico Belis, relacionada con Belo (de *bélos*, 'arquero', 'saeta').

Benigna *On. 20-6*
Del latín *benignus*, 'benévola', este nombre señala a su portadora como agraciada en extremo con la virtud de la bondad. Pérez Galdós lo eligió para la prodigiosa protagonista de su novela *Misericordia*. Fue nombre de familia muy corriente en la antigua Roma.
Variantes: *ast.* Benina; *eus.* Beniñe.

Benilde *On. 15-6*
Nombre de origen germánico: *Bernhildis,* de *berin,* 'oso', y *hild,* 'batalla', significa 'el combate del oso', y también, por extensión, 'estandarte' y 'guerrero taimado'.
Variantes: Benilda; Hilda (hip.).

Benita *On. 8-10*
Simplificación de la forma latina original Benedicta, a su vez del latín *Benedictus*, nombre forjado por el Cristianismo en alusión al ritual de la bendición, mediante el cual se atraía sobre la persona bendita o bendecida todas las cosas buenas que se decían durante la ceremonia. En latín, *bene dictus* significa 'bien dicho', 'aquél de quien se habla bien', y por extensión, aquél en quien deben cumplirse los buenos deseos.
Variantes: *cat.* Beneta, Benedicta; *fr.* Benoîte; *gall.* Bieita; *it.* Benedetta; *eus.* Benedite; *port.* Benta.

Benjamina *On. 31-3*
Forma femenina del nombre del duodécimo hijo de Jacob, cuyo alumbramiento costó la vida a su madre Raquel. Su nombre inicial, Benoni (*ben-onin*, 'hijo de mi dolor'), fue cambiado por su padre en *Ben-jamin*, que significa 'hijo de la mano derecha', o sea, 'hijo predilecto'. El nombre designa genéricamente al último hijo o hija, y predilecto, de una serie de hermanos.
Variantes: *gall.* Benxamina; *it.* Beniamina; *eus.* Benkamiñe.

Berenice *On. 4-10*
De la forma macedonia del griego *Phereníke*, 'portadora de la victoria', asimilado más tarde a Verónica. Fue nombre predilecto de las reinas de Egipto. Berenice, esposa de Tolomeo III en el siglo III a.C., dio nombre a la constelación llamada Cabellera de Berenice. Otra Berenice, princesa judía de Idumea en el siglo I, inspiró con su vida disoluta sendas tragedias a los dramaturgos franceses Corneille y Racine.
Variantes: *cat.* Bereniç; *fr.* Bérenice; *ing.* Bernice.
Berenice, seudónimo de Claire Rayner, escritora y periodista británica (1931).

Bernarda *On. 21-9*
Del germánico *berin-hard*, 'oso fuerte'; aunque propiamente significa
'bruno', por el color del pelambre de esta fiera, cuyo verdadero nombre era tabú pronunciar por razones mágicas. Asociado más tarde a
unos apreciados perros que dan auxilio a las personas extraviadas en la
montaña, por san Bernardo de Mentón, fundador de un asilo alpino.
Variantes: Bernalda (ant.); Bernardina, Bernardita o Bernadette (influencia francesa); *cat.* Bernada; *fr.* Bernarde; *ing.* Barnarde; *eus.* Beñarda.
Bernadette Soubirous, vidente francesa de Lourdes (1844-1879). **Bernadette Devlin**, líder nacionalista irlandesa (1947). **Bernardine Dohrn**, activista estadounidense (1942).

Berta *On. 24-3*
Se trata de un nombre formado sobre uno de los términos más recurrentes en la tradición onomástica germana: *berht*, 'resplandeciente', y
por extensión del significado, 'famoso'. En el siglo VII, su patrona santa
Berta ganó fama y brillo al ejercer entre el pueblo una caridad sin límites. Desde el siglo VIII las expectativas del nombre fueron confirmadas
por Berta del Gran Pie, esposa de Pipino el Breve y madre de
Carlomagno. Muy extendido en Alemania y en Francia desde entonces,
hoy es uno de los nombres más apreciados también entre nosotros.
Variantes: Bertina, Bertibla. A menudo es aféresis de otros nombres
con la misma terminación; *fr.* Berthe; *al. ing.* Bertha.
Berthe Morisot, pintora francesa, maestra del impresionismo (1841-1895). **Berta von
Suttner**, escritora y pacifista austríaca (1843-1914), premio Nobel de la Paz en 1905.

Bertolda *On. 21-10*
Nombre germánico, de *berht,* 'brillo, resplandor', y *oald* o *wald,* 'gobierno'. Significa 'gobernante famosa', 'el resplandor del mando'.

Bet   *On. como Elisabet*
Aféresis de Elisabet, forma antigua de Isabel, popular en Cataluña. Son frecuentes sus variantes y sus formas hipocorísticas.
Variantes: *ing.* Beth, Betsy, Betty; *it. al.* Bettina.
Bette Davis, actriz de cine y teatro estadounidense (1908-1989). **Betty Friedman**, intelectual estadounidense, defensora de los derechos de las mujeres (1921).

Betsabé   *On. 4-7*
Nombre de un personaje bíblico, esposa de Urías, que tras ser seducida por David, fue causa involuntaria de la perdición de su esposo. De significado controvertido: para unos proviene de *bat-seba*, 'la opulenta'; para otros, de *bet-sheva*, 'la séptima hija'.

Biela   *On. como Gabriela*
Forma catalana hipocorística de Gabriela.

Bienvenida   *On. 22-2*
Del latín *bene venutus*, 'bien venido', 'bien nacido', usado como fórmula natalicia de buen augurio en la Edad Media.
Variantes: *cat.* Benvinguda; *fr.* Bienvenue; *gall.* Benvida; *it. al.* Benvenuta.

Blanca   *On. 5-8*
Resplandeciente. Del germánico *blank*, 'blanco', 'brillante'. Popular en Castilla durante la Edad Media, de donde pasó a Francia y a Inglaterra. El nombre conoce hoy un renovado auge.
Variantes: *fr.* Blanche; *gall.* Branca; *ing.* Gwen; *it.* Bianca; *eus.* Zuria.
Blanche Selva, pianista francesa (1884-1942). **Gwen John**, pintora británica (1876-1939). **Blanca Fernández Ochoa**, campeona de esquí española (1963).

Braulia *On. 26-3*
De origen incierto, se ha propuesto el germánico *brand*, 'fuego', 'espada' (*brandila*, transformado en *braudila*, por lectura errónea de la *n*), y también *brau*, 'toro', a su vez del germánico *raw*, que significa 'cruel'.
Variantes: *cat.* Bràulia; *it.* Brauliona; *eus.* Baurle.

Brenda *On. 16-5*
Nombre de origen nórdico, introducido al inglés por los vikingos, sir Walter Scott lo popularizó en el siglo XIX con la obra *El Pirata*. Procede de *brand*, 'espada'. A veces se considera femenino de Brandán.
Brenda Blethyn, actriz de cine y teatro británica (1946).

Brianda *S/on.*
Del nombre bretón *Brjan*, corriente en Irlanda. Significa 'colina'.
Variantes: *fr. ing. al.* Brianne.
Brianda de Acuña Vela, escritora y asceta española (1576-1630).

Brígida *On. 8-10*
Este nombre, muy antiguo y de origen discutido, pondera la fortaleza de su portadora. Parece relacionable con la voz céltica *brigh*, 'fuerza', aunque tal vez proceda de la también céltica *briga*, 'plaza fuerte', 'colonia' (*Segobriga*, Segovia), derivada a su vez del hebreo *hir*, 'ciudad', o del caldeo *ur*, 'valle'. En todo caso, *Brighid* era el nombre de una diosa gaélica del fuego, cuyos atributos fueron traspasados a santa Brígida (s. VI), patrona de Irlanda junto con san Patricio, y a santa Brígida de Suecia (1302-1373), dotadas ambas de una extraordinaria fortaleza de carácter.
Variantes: *gall.* Bríxida; *fr. al.* Brigitte; *ing.* Bridget; *it.* Brigida, Brigitta; *eus.* Birxita, Birkita, Birkide; *sueco,* Birgitta, Brigitta.

Birgit Cullbert, coreógrafa y bailarina sueca (1908-1999). **Brigitte Bardot**, actriz y mito erótico francesa (1934). **Bridget Fonda**, actriz de cine estadounidense (1964).

Briseida *S/on.*
Nombre de origen griego, tal vez derivado de *brithos*, que significa 'el que lleva la carga'. Puede ser patronímico de Briseo, uno de los sobrenombres de Dionisio, el dios romano Baco.

Brooke *S/on.*
Nombre inglés, que significa 'arroyo', 'riachuelo'.
Brooke Shields, actriz cinematográfica estadounidense (1965).

Bruna *On. 26-4*
Nombre de etimología discutida, posible cruce de tradiciones germanas y latinas. La raíz gótica *brun*, 'quemado, de color rojo, oscuro', coincide con el significado del término latino *pruna,* 'carbón encendido', del que derivó *prunum* para describir la ciruela negra. Otra etimología lo haría proceder de *prunja*, 'peto', 'coraza', componente de otros nombres como Brunardo.
Variantes: Brunarda, Burcarda; *it.* Bruna, Brunona; *eus.* Burnone.

Brunilda *S/on. scc. Bruna*
De origen germánico: *Brun-hilde*, 'guerrero armado', famoso por ser el nombre de una valquiria, heroína de las leyendas nórdicas y por su trágico amor con Sigfrido, tema de una célebre ópera de Wagner.
Variantes: Brunhilda, Brunilde, Brunequilda; Nilda (hip.); *it.* Brunilde; *al.* Brunhilde; *fr.* Brunehilde; *ing.* Brunhild, Brynhild.

C

Calaya *S/on.*
De origen hindú, reciente en nuestra onomástica. Significa 'montaña de plata del dios Ixora', y además de esa evocación a la luz y la elevación, es apreciado sobre todo por sus ecos de innegable exotismo.

Calíope *On. 8-6*
Procede del griego *kalós,* 'bello', y *ops,* 'voz', significa 'la de hermosa voz'. Tiene además este nombre entonación musical, y se llamó así, en la mitología griega, la más sabia y de mayor dignidad de las nueve musas, protectora de la épica y de la elocuencia, madre de Linos y del mítico Orfeo, músico, cantor y poeta por excelencia.
Variantes: *cat.* Cal·líop, Cal·líope; *it.* Calliope; *eus.* Klupe.

Calixta *On. 1-2*
Este nombre es todo un homenaje a la belleza del recién nacido. Procede del griego *kállistos,* 'bellísimo', y tiene indistintamente valor femenino y masculino. Tomó fama primero como nombre de mujer, al llamarse así la bella ninfa amante de Zeus, que convertida en constelación es guía de navegantes. Fernando de Rojas llamó Calixto al protagonista de *La Celestina,* con el fin de ponderar su gran belleza.
Variantes: *ast.* Calistra; *cat.* Cal·lixta; *fr.* Callixte; *gall.* Calistra (hip.); *ing. al.* Callista; *it.* Calista, Callista; *eus.* Kaliste.

Calisto, hija del rey de la Arcadia, y amante de Júpiter; transformada en la constelación de la Osa Mayor. **Calista Flockhart**, actriz de cine, teatro y televisión estadounidense (1965).

Camelia   *On. 16-9*
Nombre inspirado en el de la flor del Asia tropical bautizada *Camellia* por Linneo en honor de su introductor en Europa, el jesuita italiano Camelli (s. XVIII), cuyo apellido procedía del latín *Camellus*, 'camello'. Como nombre femenino evoca la belleza de la flor.

Cameron   *S/on.*
Nombre de un clan escocés, de origen celta; significa 'nariz torcida'.
Cameron Díaz, actriz de cine estadounidense (1973).

Camila   *On. 16-2*
Este nombre, de origen remoto, procede del etrusco *casmillus,* que era como se llamaba al ayudante del padre de familia en su tarea como responsable del fuego sagrado del hogar. Cuando el estado asumió este culto, sus *camilli* o 'ministros' adquirieron una especial relevancia, y como quiera que para tal ministerio se escogía a los más jóvenes y bellos, el nombre pasó a designar estas virtudes. Así, por ejemplo, fue el sobrenombre asignado a Mercurio, mensajero o ministro de los dioses, y además, de imagen eternamente joven y bella, como proclama su apodo.
Variantes: Mila (hip.); *al. fr.* Camille; *ing. it.* Camilla; *eus.* Kamille.
Camila Quiroga, actriz argentina (1896-1948). Camille Claudel, escultora francesa (1864-1943). Camilla Collett, novelista noruega (1813-1895). Camilla Parker-Bowles, amante del príncipe Carlos de Inglaterra (1947).

Candelaria   *On. 2-2*
Tanto este nombre como el de Purificación tienen su origen en la fiesta mariana que cierra el período navideño, durante la cual se celebran procesiones con candelas encendidas. Viene del latín *candella*, derivado del

verbo *candere*, 'estar candente, blanco o brillante por el calor', de ahí la 'incandescencia'. Con este nombre se evocan imágenes de luz y calor, por el fuego, y de pureza, por la blancura. Es habitual en Canarias.

Candela Peña, actriz de cine española (1966).

Cándida   *On. 29-8*
Del latín *candidus*, significa 'blanco', 'inmaculado' (de donde *candeo*, v. Candelaria). Nombre popular, en masculino, desde el éxito del relato filosófico homónimo de Voltaire.
Variantes: *cat.* Càndida; *fr.* Candide; *ing. al. it.* Candida; *eus.* Kandide.

Caridad   *On. 1-8*
Nombre cristiano, derivado del latín *charitas*, 'amor'. Su patrona fue mártir en Roma en el siglo II, junto con sus hermanas Fe y Esperanza, con las que conforma la tríada de virtudes teologales.
Variantes: Carita; *cat.* Caritat; *gall.* Caridade; *ing.* Charity; *eus.* Karitte.

Carina   *On. 7-11*
Procede del griego *xáris*, 'gracia' (cf. las Cárites), y es femenino de *Xarinos*, 'gracioso', personaje cómico de la comedia dórica. Popular en Italia, donde es diminutivo de *caro* 'querido', y en los países nórdicos, donde se ha fundido con *Katarina* (Catalina).
Karina Habsudova, jugadora de tenis rusa (1979). **Karina** (María Isabel Llaude), cantante española (1948).

Carisa   *On. 16-4*
Significa 'gracia, amabilidad'. Es un nombre de origen griego, cristianizado en el siglo III por santa Carisa, mártir en Corinto.

Carla   *On. 4-11*

Nobleza obliga, y llevar este nombre es una llamada constante a ejercer las virtudes que tradicionalmente se han considerado 'viriles', y que no cabe confundir con la distinción de sexo. La raíz germánica *karl* significa 'varón', y aparece en nombres como Carlomán: *Karl-mann*, 'hombre viril', latinizado en *Carlomagnus*, Carlos el Grande (742-814), título del gran emperador de Occidente que fusionó las culturas germánica y romana. Este nombre proclama en la mujer el carácter esforzado y valiente. Variantes: Carleta, Carlota, Carola, Carolina; *eus.* Karle.

Carla Fracci, bailarina italiana, una de las figuras más relevantes del ballet clásico contemporáneo (1936). **Carla Lonzi**, crítica de arte y feminista italiana (1931-1982). **Carla Bruni**, *top model* italiana (1968).

Carlota   *On. 18-1*

Forma femenina de Carlos, tomada del francés *Charlotte*. Es nombre común entre las casas reales europeas, últimamente popular por Carlota, gran duquesa de Luxemburgo. Para el original francés, que puede aparecer en las variantes *Charlene* y *Charlaine,* se ha propuesto también el significado de 'pequeña dama'.

Charlotte von Stein, dama alemana, amante de Goethe (1742-1827). **Charlotte Brontë**, escritora británica (1816-1855). **Charlotte Corday**, revolucionaria ilustrada francesa (1768-1793), amante y verdugo de Marat. **Carlota Bustelo**, política y feminista española (1939).

Carmela   *On. como Carmen*

Nombre tomado del monte Carmelo, citado en la Biblia. Aunque se considera equivalente de Carmen, son en realidad nombres distintos. Variantes: Carmelina, Carmelita; Lita (hip.); *eus.* Karmele.

Karmele Marchante, periodista española (1950).

Carmen *On. 16-7*
Lleno de resonancias positivas, hunde sus raíces en los albores de nuestra cultura. Tiene su primer origen en el monte Carmelo, donde los sirios rendían culto a una divinidad animista mucho antes del éxodo israelita. Israel conservó el nombre y el carácter sagrado de la montaña de Galilea. La palabra está formada por el hebreo *kerem,* 'viña', 'jardín', y *El,* apócope de *Eloím,* que significa Dios, o sea, 'viña del Señor', en la versión monoteísta hebrea, o 'jardín de los dioses', en la versión siria. El significado de 'jardín' o 'paraíso' se mantiene en castellano, por ejemplo, en el campo de los Cármenes, y a él a venido a añadirse el derivado de la palabra latina *carmen,* que significa 'canto', 'poesía', 'recitación'. Si a esto se suma el patronazgo de la Virgen del Carmen, de mucha devoción en toda España, especialmente en Granada, y su condición de *Stella Maris* que vela por pescadores y navegantes, no es de extrañar la predilección de que ha gozado este nombre en nuestro país. Fuera de España ha sido popularizado por la ópera homónima de Georges Bizet (1875).
Variantes: Carmela, Carmina; Canita, Carmencita (hip.). En su forma compuesta María del Carmen, da diversas formas hipocorísticas, como Maica y Mamen; *cat. gall.* Carme, Carmela; *eus.* Karmele, Karmiñe.
Carmen Amaya, bailaora española (1913-1963). **Carmen Sevilla**, actriz y cantante folclórica española (1933). **Carmen Martín Gaite**, escritora española (1925). **Carmen Balcells**, agente literaria española (1930). **Carmen Maura**, actriz española (1945).

Carola *On. como Carla*
Forma femenina de Carlos, tomada de la forma latina *Carolus,* en los últimos años ha sido desplazada en la preferencia popular por Carla.
Carole Laure, actriz y cantante canadiense (1951). **Carole Lombard** (Jane Alice Peters), actriz estadounidense (1908-1942). **Carole King**, cantautora estadounidense (1941).

Carolina *On. 8-7*
Variante de Carola y de Carla. A su vez, es corriente en los países anglosajones en su forma hipocorística Carrie.

Carolina Lamb, escritora británica (1785-1828), fue célebre su apasionado idilio con lord Byron. **Carolina Otero Iglesias**, *la Bella Otero,* bailarina española, una de las *vedettes* más grandes de la historia (1868-1965). **Carolina Herrera**, diseñadora de moda y empresaria venezolana (1930). **Carolina Grimaldi**, princesa de Mónaco (1957).

Casandra *S/on. scc. Sandra*
Del griego *Kassandra* (de *kasis,* 'hermana', y *andros,* 'hombre'), significa 'protectora de hombres'. Se hizo célebre por el personaje homérico de *La Ilíada*, dama clarividente cuyas profecías (entre ellas la caída de Troya por causa de los guerreros ocultos en el interior del famoso caballo), aunque siempre ciertas, no eran jamás creídas.
Variantes: *cat. it.* Cassandra; *fr.* Cassandre; *ing.* Cass, Cassie (hips.).
Cassandre Salviati, amor platónico del poeta francés Ronsard (s. XVI).

Casiana *On. 13-8*
Posiblemente del masculino latino Casio, nombre de una *gens* romana derivado de *cassis,* yelmo de metal, metáfora de la protección. Se ha propuesto asimismo un origen griego, con el significado 'luminosa'.

Casilda *On. 9-4*
De origen polémico: para algunos, es derivación del germánico *Hatuhild*, de *hathu*, 'riña, combate', y *hild*, 'batalla'; pero puede haber concurrido con la forma árabe *kassilda*, 'cantar' por santa Casilda (†1007), hija de Almamún, rey musulmán de Toledo, protectora de los cristianos.
Variantes: *ast.* Casildra; *eus.* Kasilde.

Casimira *On. 4-3*
Nombre muy corriente en Polonia, donde ha sido llevado por varios reyes. Del polaco *Kazimierz*, 'el que establece la paz, pacificador', latinizado posteriormente en *Casimirus*.
Variantes: *ast.* Casumira; *fr. ing.* Casimire; *eus.* Kasimire.

Casta *On. 25-2*
Nombre cristiano, forma femenina de Casto, derivación del latín *castus*, que significa 'puro, íntegro, inmaculado' (cf. Castalia).
Variante: *eus.* Kaste.

Castalia *S/on.*
Nombre griego, de la voz *kasteia*, 'pureza', atributo en torno al cual se forjó la leyenda de la ninfa así llamada, que pereció ahogada en su huida desesperada del acoso del dios Apolo, por cierto, bastante agraciado. Convertida en fuente, ésta fue después consagrada a las Musas.

Catalina *On. 25-11*
El origen de este nombre se pierde entre las brumas de la leyenda. Parece proceder de la Hécate griega, divinidad asimilada a Artemisa, que preside los nacimientos y cuida del hogar. Más tarde, a este significado de 'madre universal' expresado por la forma griega *Aikatharina*, se añadió el de la 'pureza inmaculada' por atracción de la palabra *katharós*, y así pasó al latín como *Katharina*. Otra etimología popular es la que deriva *Aikatharína* de *aikía*, 'tormento'. Desde el siglo IV fue popular en toda Europa por el culto profesado a santa Catalina de Alejandría, joven, bella y culta virgen egipcia que, en su defensa de la fe, fue capaz de vencer con extrema elocuencia a los más ilustres doctores de Egipto.

Variantes: Catarina; Caty (hips.); *al.* Katharina; *ast. gall.* Catarina; *cat. it.* Caterina; *fr. ing.* Katherine (hips. Kathryn, Kate, Kitty); *eus.* Katixa, Katarin, Katina, Katarine; *danés,* Karen; *sueco,* Karin; *ruso,* Ekaterina. **Caterina Albert i Paradís,** *Victor Català,* escritora española en lengua catalana (1869-1966). **Katharine Hepburn,** actriz de cine y teatro estadounidense (1909). **Catherine Deneuve** (Catherine Dorléac), actriz y musa del cine francés (1943). **Catherine Z. Jones,** actriz de cine y modelo galesa (1969).

Cayetana *On. 8-8*
Tal vez gentilicio de *gaius,* 'alegre', aunque probablemente lo sea de Caieta, puerto de la Campania (hoy Gaeta), así llamada según Virgilio por el nombre de la nodriza de Eneas, muerta y sepultada en aquella playa. Nombre muy popular en Italia, bajo la forma *Gaetana.*
Variantes: *cat.* Caietana; *gall.* Gaetana, Caetana.
Cayetana Fitz-James Stuart y Silva, duquesa de Alba, la aristócrata española de más rancio abolengo (1926). **Cayetana Guillén Cuervo,** actriz cinematográfica española (1965).

Cecilia *On. 22-11*
Nombre muy antiguo, portado por una ilustre *gens* romana, derivado del latín *coeculus,* 'cieguecito', en honor al fundador de la familia, Cecilio Metelo, noble romano que perdió la vista al salvar de un incendio, según unos, otras vidas, según otros, la estatua de la diosa Atenea. Se ha pretendido su origen etrusco, pero parece más probable la interpretación tradicional. Fue santa Cecilia, noble romana del siglo II que murió por la religión de los desheredados, quien llenó de significado el nombre, por su ejemplo de valentía y desprendimiento, y por ser patrona de la música.
Variantes: Ceci (hip); *fr.* Cécile; *gall.* Cecía (hip. Icia); *ing.* Cicely (hip. Cec); *eus.* Zezili, Koikille.

Cecilia Böhl de Faber, conocida como Fernán Caballero, novelista española (1796-1877). **Cecilia** (Evangelina Sobredo Galanes), cantautora española (1948-1976). **Cecilia Roth**, actriz de cine argentina (1959).

Ceferina   *On. 22-8*
Nombre latino, derivado de *zepherinus*, 'relativo al Céfiro', viento de occidente originado en el griego *tsophos*, 'oscuridad', 'occidente'.
Variante gráfica: Zeferina; *ast. gall.* Cefirina; *al. it.* Zefirina; *eus.* Tzepiriñe, Keperiñe.

Celena   *S/on*
Sobrenombre dado en la mitología griega a la diosa Cibeles. Procede de la forma griega *kelenos*, 'seductor'.

Celeste   *On. como Celestina*
Nombre de una diosa púnica, Urania para los griegos, en latín *Caelestis*, 'el cielo, celestial', o sea 'divino'.
Variantes: Derivado: Celestina; *cat.* Celest.
Celeste Coltellini, contralto italiana (1760-1829). **Céleste Buisson de la Vigne**, esposa del escritor romántico francés Chateaubriand.

Celestina   *On. 17-5*
Gentilicio de Celeste. Era dado en masculino como sobrenombre a Júpiter, rey de los dioses. Celestina ha pasado a significar arquetipo de alcahueta, por el éxito del personaje creado por Fernando de Rojas en 1499.
Variantes: Celiana, Celina, Celia y Celsa; *fr.* Célestine; *ing.* Celestin.
Flore Célestine T.Tristán-Moscoso, más conocida como Flora Tristán, política francesa y figura del feminismo internacional (1803-1844).

Celia *On. 21-10*
Del latín *Coelius*, nombre de una familia romana, de la cual pasó a una de las colinas de su ciudad. Procede del etrusco *celi*, 'septiembre'. También es forma hipocorística de Cecilia, muy popular en Valencia. Variantes: Celina; Celi (hip.); *cat.* Cèlia; *fr.* Céline.

Celia Gámez, empresaria, actriz y artista de revista hispanoargentina (1905-1992). Celia Cruz, cantante cubana (1919). Celia Amorós, filósofa y feminista española (1944).

Celina *On. como Celia*
Nombre de origen latino derivado de Celia. Significa 'perteneciente a Celios', es decir, 'celestial'. Concurre con la aféresis de Marcelina, sobre todo en su variante francesa *Marceline*.

Céline Seurre, más conocida como Cécile Sorel, actriz francesa (1873-1966). Céline Dion, cantante canadiense (1960).

Cenobia *On. 30-10*
Del griego *Zenos bios*, 'vida de Zen', es decir, 'descendiente de Júpiter', el dios de los dioses. El nombre adquirió posteriormente connotaciones cristianas al ser aplicado a los conventos (*koinos bios*, 'vida en común'). Variantes: Zenobia; *cat.* Cenòbia, Zenàiai; *eus.* Kenobe.

Cesaria *On. 12-1*
De la antigua palabra latina *coesar*, 'melenudo'. Inmortalizado por el militar y político romano Cayo Julio César, que lo convirtió en un título más, expresivo de la dignidad imperial, sobreviviente hoy en palabras análogas (el alemán *Kaiser* o el ruso *Zar*). Variantes: Cesárea; *cat.* Cesària.

Santa Cesárea, abadesa francesa, hermana de san Ceráreo de Arlés en Provenza (†540).

Chantal   *On. 12-12*
Nombre de una localidad de Saône-et-Loire (Francia), convertido en onomástico femenino en recuerdo de santa Juana Francisca Frémyot, fundadora, con san Francisco de Sales, de la orden de la Visitación. El topónimo parece proceder de la antigua forma dialectal del occitano *cantal*, 'piedra', 'hito'. Su uso ha sido exclusivamente francés hasta hace poco, pero se ha popularizado entre nosotros en los últimos años. Variante: *cat.* Xantal.

Chantal Akerman, realizadora de cine belga (1950).

Chiara   *On. como Clara*
Forma italiana de Clara.

Cinta   *On. sábado antes del primer domingo de septiembre*
Alusión a la Virgen de la Cinta, muy común en la costa catalana de Tortosa. Significa Virgen preñada, o sea, 'en cinta'. Es también el femenino de Cinto, forma hipocorística catalana de *Jacint*, Jacinto.

Cintia   *On. 18-2*
Derivación del griego *Kynthia*, a su vez de *Kynthos*, famoso nombre de la isla de Delos, donde nacieron Apolo y Artemisa.
Variante: *al.* Cintia, Cynthia; *cat.* Cíntia.

Cinti Damoreau (Laure Cinthie Montalant), soprano francesa del siglo XIX.

Cipriana   *On. 16-9*
Del griego *cyporianus*, gentilicio de la isla de Chipre (*Kypros*), donde se adoraba a Venus, llamada también por ese motivo Ciprina o Cipris.
Variantes: Cebriana; *ast. gall.* Cibrana; *ing.* Cypriane; *eus.* Kipirene.

Cirenia   *On. 1-11*
Gentilicio griego de Cirene (*Kyrenaia*), nombre a su vez quizá procedente de *kyreo*, 'objetivo, punto deseado'. Se llamó así en la mitología
griega una ninfa de la Tesalia.

Ciriaca   *On. 19-6*
Nombre de origen griego, *Kyriakos*, que significa 'amor a Dios'. La pa-
labra griega *kyrios*, 'señor', da lugar a muchos otros nombres.
Variantes: Ciríaca; *eus.* Kuireke.

Cirila   *On. 5-7*
Del griego *kyrios*, 'señor'. A san Cirilo se debe la creación del alfabeto
cirílico, utilizado por serbios, rusos y búlgaros.
Variantes: *cat.* Ciril·la; *fr.* Cyrille; *it.* Cirilla; *eus.* Kuirille; *ing.* Cyril.

Citlalli   *S/on.*
Nombre femenino azteca, usado en México. Significa 'estrella', y es sinónimo de Xóchitl, Stella, Ester, Lucero.

Clara   *On. 11-8*
Este nombre, de gran aceptación en la actualidad, rebosa ciertamente
de resonancias positivas. Suena a limpio, a claridad, a luminosidad y a
transparencia por la palabra latina de donde procede, *clarus*; pero
además de esta interpretación intuitiva, el nombre posee el significado
de 'ilustre', 'famosa', que conserva el término 'esclarecida'. Quienes lo
llevan cuenta asimismo con el patronazgo de santa Clara de Asís
(1193-1253), pionera franciscana a quien se invoca «para ver claro»,
como abogada de las enfermedades de la vista.

Variantes: *al*. Clare; *it*. Chiara; *eus*. Argia; *fr*. Claire; *ing*. Clare; *al*. Klara.
Clara Peeters, pintora flamenca (1594-1660). **Clara Barton**, humanista estadounidense (1821 1912). **Clara Campoamor**, política republicana y figura principal del feminismo español (1888-1972). **Claire Catherine Danes**, actriz de cine estadounidense (1979).

Claramunda   *S/on*.
Variante de Esclaramunda (éste, a su vez, de origen germánico, de *gis-clar-mund*, que significa 'el que protege por la flecha'), simplificada por atracción del extendido nombre femenino Clara.

Clarisa   *On. 30-1*
Nombre latino derivado de Clara, significa 'volverse famoso'. Se extendió en la Edad Media por ser el nombre de un personaje de los romances franceses, hermana de Hugón de Burdeos y esposa de Rinaldo, y más tarde por santa Clarisa, religiosa de la segunda orden franciscana, fundada por santa Clara en el siglo XVIII.
Variantes: *it. ing*. Clarice, Clarissa; *fr*. Clarisse.

Claudia   *On. 20-3*
Procede del latín *Claudius*, nombre de una importante *gens* romana. El nombre se formó a partir del adjetivo latino *claudus*, 'cojo', y es muy probable que derivase del sobrenombre de un ilustre patriarca de la familia, cuya cojera sería signo externo de una heroica actuación bélica. Así fue entendido por sus descendientes y el nombre Claudio, que hizo historia en Roma, se convirtió en un apelativo sinónimo de nobleza. Claudia, esposa de Francisco I, rey de Francia en el siglo XVI, pasó a la historia dando nombre a una sabrosa clase de ciruelas.
Variantes: Día (hip.); *cat*. Clàudia; *fr. ing*. Claude; *eus*. Kaulde.

Claudia Cardinale, actriz cinematográfica italiana (1939). **Claudia Schiffer**, modelo alemana, una de las más cotizadas *top model* (1971).

Claudina   *On. como Claudia*
Diminutivo de Claudia, usado también como nombre de pila.
Variante: *fr.* Claudette.
Claudette Colbert, actriz de cine estadounidense (1905-1996).

Claustro   *On. 9-9*
Advocación a la Virgen de los Claustros, patrona de Solsona. Procede de la palabra latina *claustra*, que significa 'cerrojo, cerradura'.
Variante: *cat.* Claustre.

Clelia   *On. 9-7*
De origen latino, significa 'gloriosa'. Puede ser fenicio, y significar 'perfecta'. La fama a la que alude el nombre la ganó su patrona, la virgen romana Clelia, cuando tras ser entregada como rehén al rey de Porsena, supo escapar del campo etrusco cruzando a nado el río Tíber.

Clemencia   *On. 21-3*
Del latín *clemens*, 'dulce', 'benigna'. En masculino muy fue valorado por el Papado desde san Clemente I, tercer sucesor de san Pedro, quien se condujo con tal perfección, bondad y «clemencia» que se granjeó el aprecio no sólo de su grey cristiana, sino también de judíos y gentiles.
Variantes: Clema (hip.); *al.* Clemens; *cat.* Clementa; *fr.* Clémente; *gall.* Clemenza; *ing.* Clemence; *eus.* Kelmene.
Clémence Isaure, poetisa provenzal, se le atribuye la creación de los juegos florales (s. xv). **Clémence Royer**, escritora francesa (1830-1902).

Clementina *On. 17-11*
Derivación de Clemencia a través del sufijo latino *-inus*: 'relativo, de la familia de Clemente'.

Clementina Arderiu, poetisa catalana (1889-1976). **Clementine Churchill**, esposa y consejera del estadista británico Winston Churchill.

Cleopatra *On. 11-10*
Del griego *kleo-patros*, '(hija) de padre famoso'. Frecuente ya en la mitología clásica, adquirió universalidad por diversos reyes y reinas egipcios y su lugar en el santoral. Cleopatra (69-30 a.C.) fue la última reina de Egipto, amante de Julio César y esposa de Marco Antonio.
Forma hipocorística: Cleo.

Cléo de Mérode, bailarina francesa de origen belga (1875-1966).

Climena *S/on.*
Del griego *kleos*, 'gloria', y *menos*, 'valor', significa 'la que siente pasión por la gloria'. Se llamó así a una de los Titanes, la primera generación divina, que fue madre de Atlas, Prometeo y Epimeteo.
Variante: Climene.

Clía *S/on.*
Nombre de origen griego. Significa 'gloriosa', y no cabe confundirlo con su parónimo Clío, aunque a veces se dan como equivalentes.

Clío *S/on.*
Nombre mitológico. Clío fue una de las nueve musas en la mitología griega, personificadora de la gloria y la buena reputación. Procede de *Kleitos*, que significa 'famoso', a partir de *kleio*, 'celebrar'.

Clodia   *S/on. scc. Claudia*
Del germánido *hlod*, 'glorioso'. En la antigüedad, este nombre se aso-
ció al de la amante del poeta latino Catulo (s. I a.C.), hermana de
Publio Clodio Pulcro y llamada Lesbia, por lo que se tiñó de sensualidad. Hoy en día es confundido con Claudia, por monoptongación del
diptongo *au,* pero son nombres de distinto origen.
Variante: Croya.

Clodomira   *On. 1-11*
Nombre germánico, compuesto de *hlod-miru*, 'gloria insigne'.

Cloe   *On. 17-7*
Nombre de la heroína de la novela helenística *Dafnis y Cloe*, escrita en
el siglo III por el griego Longo. Del griego *chloé*, que significa 'hierba
verde', aplicado a la diosa Deméter, la protectora de los campos.
Recobró fuerza durante el Renacimiento en ámbitos literarios.
Variantes: *al.* Chloe; *cat.* Cloe.

Clorinda   *S/on.*
Nombre de origen griego: 'jardín verde', 'jardín florido'.
Variante: Cloris.

Clotilde   *On. 24-6*
Nombre de la santa borgoñona, esposa de Clodoveo, patrona de los
notarios. Del germánico *hlod-hild*, 'guerrero glorioso'.
Variantes: Clotica (hip.); *al.* Chlothilde; *fr.* Clothilde.
Clotilde de Vaux, amiga y musa de Auguste Comte (1815-1846). Clotilde Cerdà, conocida
como Esmeralda Cervantes, arpista española (1862-1925).

Coleta *On. 6-3*

En francés *Colette*, aféresis de *Nicolette*, diminutivo de *Nicolle*, Nicolasa. También es diminutivo de Colea, nombre del mismo origen. Nombre de una santa francesa que vivió entre los siglos xiv y xv.
Variantes: *al*. Coletta; *fr*. Colette.

Colette, novelista francesa, primera mujer admitida en el canon oficial (1873-1954).
Colette Duval, deportista francesa, campeona mundial de paracaidismo (1930-1988).

Coloma *On. 31-12*

Variante no del todo exacta de Paloma; del latín *columba*, 'paloma', aunque concurre con el *Columbana* irlandés. Popular en Cataluña, donde Colometa es el nombre de la protagonista de una de las más célebres novelas en lengua catalana, *La plaça del Diamant,* de Mercè Rodoreda.
Variantes: Columba, Paloma; Colombina (nombre del famoso personaje de la comedia italiana, versión femenina de Pierrot); *al*. Columba; *gall*. Comba; *fr. it*. Colomba.

Concepción *On. 8-12*

Tomar, aferrar. Generación. Advocación mariana alusiva a la Inmaculada Concepción de la Virgen (latín *conceptio*, 'concepción, generación', por *cum-capio*, 'con-tener'). En España existe predilección por su forma hipocorística Concha.
Variantes: Concha, Conchi, Conchita, Concelia, Chita (hips.); *cat*. Concepció, Conxa; *it*. Concetta; *eus*. Sorne, Sorkunde, Kontxexi.

Concepción Arenal, pedagoga y ensayista española (1820-1893). Concha Piquer, cantante española (1908-1990). Conchita Supervia, soprano española (1891-1936). Concha García Campoy (1955), periodista española. Concha Velasco, actriz y presentadora española (1939). Conchita Martínez, tenista española (1972).

Connie   *On. como Constanza*
Forma hipocorística de Constanza, por influencia del inglés.
Connie Francis, cantante y actriz estadounidense, de origen italiano (1938). **Connie**
Selleca, actriz estadounidense (1955).

Conrada   *On. 26-11*
Del germánico *kuon-rat*, 'consejo del osado'. En masculino ha llegado
a ser tan popular en Alemania, que allí es considerado sinónimo de
'persona corriente', equivalente al Juan español.
Variantes: *fr. ing.* Conrad; *it.* Corrada; *eus.* Korrade.

Constantina   *On. 27-7*
Gentilicio de Constancia. Famoso por el emperador Constantino. Al trasladar la capital del Imperio romano de Oriente a Bizancio, ésta tomó el
nombre de Constantinopla (*Konstantinopolis*, 'ciudad de Constantino'),
luego sustituido por Estambul, derivado turco de la misma palabra.
Variantes: Tina (hip.); *ing.* Constantine; *eus.* Kostandiñe.
María Constantina Bashkirtsev, pintora y escritora rusa (1860-1884). **Tina Modotti**, actriz y fotógrafa mexicana, de origen italiano (1896-1942). **Tina Turner** (Annie Mae
Bullock), cantante estadounidense (1938).

Constanza   *On. 17-2*
Nombre procedente del latín *constans*, que significa 'constante'. Su forma original es Constancia, pero por su bella sonoridad y fuerza evoca-
tiva a princesa medieval, es preferida hoy esta variante arcaizante.
Variantes: Constancia; *al.* Konstanze; *cat.* Constància; *fr.* Constante.
Constanza de Portugal, reina de Castilla y León (†1313). **Constanza de Aragón**, hija
de Jaume I y Violante (1239-1280).

Consuelo *On. 31-8*
Nombre simplificado de Nuestra Señora de la Consolación, una de las advocaciones de la Virgen más recurrentes en las letanías, pues entre las virtudes de la Madre de Dios destaca la de ser *Consolatrix afflictorum*. *Consolatio* es una virtud mística, que expresa el don que nos hace capaces de acompañar en el sentimiento, tratando de dar alivio. Procede del verbo latino *consolor*, 'consolar, aliviar', formado por el prefijo *con*, de compañía y de intensidad, y *solor*, 'reconfortar, alegrar'. Del sustantivo *solatium* derivó el español 'solaz'. Estamos, así pues, ante un nombre que debe animar a quien lo lleva a mostrarse solidaria con los demás y a apostar siempre por la alegría y el recreo o solaz de cuerpo y alma. Variantes: Consolación; Chelo (hip.); *cat*. Consol; *eus*. Atsegiñe, Pozkari; *it*. Consolina, Consolata, Consolo.

Consuelo Álvarez Sierra, novelista española (1926). Consuelo Portella, *la Bella Chelito*, cantante de variedades española, de origen cubano, estrella de la *belle époque* (1880-1960). Consuelo Saucin, musa salvadoreña en París, esposa de Antoine de Saint-Exupéry.

Copelia *S/on.*
Nombre de una muñeca mecánica en una ópera de Léo Delibes, bautizada con el nombre de su inventor, el doctor Coppellius. El nombre de éste posiblemente procede de un diminutivo del nombre de la diosa latina *Copia* (*copia* significa 'abundancia').
Variante: *cat*. Copèl·lia.

Cora *On. 14-5*
Del griego *kóre*, 'virgen, doncella'. Era el sobrenombre de Proserpina. A las doncellas se les atribuía en Grecia las funciones más elevadas.

Cora Vaucaire, cantante francesa. Cora Sandel, novelista noruega (1880-1974).

Coral *On. 8-9*
Nombre latino, derivado de *corallium,* 'coral', a partir del griego, y esta voz, a su vez, préstamo semítico, como muestra la semejanza con el hebreo *goral,* 'piedrecita' y el árabe *garal,* 'guijarro'. Es probable que el nombre de esta joya submarina coincidiese con el de *koré,* 'doncella', habitual en Grecia. Al coral se le atribuyen poderes salutíferos y de talismán, y desde siempre se ha apreciado como una piedra preciosa.
Coral Astrid Bistuer Ruiz, deportista española, campeona de taekwondo (1964).

Coralia *On. 18-5*
Del griego *koralia,* diminutivo de *koré,* 'jovencita, doncella', influido por nombres como Coral o Coralina, del latín *corallium,* 'coral'. Es el nombre de un personaje de la *commedia dell'arte* italiana.
Variantes: *al.* Coralie; *cat.* Coràlia, Coràl·lia; *ing.* Coraly.
Coraly Hinsch, religiosa francesa, fundadora en el siglo XIX de la Iglesia hinschista.

Cordelia *On. 22-10*
Nombre de posible origen celta, como equivalente de Córdula y con el significado de 'hija del mar'. Como nombre latino, su significado es 'cordial, del corazón', 'amiga, amigable', reforzado por la alusión a la hija fiel del rey Lear en la célebre tragedia de Shakespeare.

Corina *On. como Cora*
Del griego *Kórinna,* diminutivo de Cora popular desde la antigüedad, pues se llamó así la amante del poeta Ovidio. Muy extendido en el país vecino, conserva entre nosotros cierta resonancia afrancesada.
Variantes: *ing.* Corinne; *it.* Corinna.
Corinne Marchand, actriz francesa (1930).

Cornelia   *On. 31-3*
Procede del gentilicio latino *cornelium*, 'cuernecito', o *cornicula*, 'choto', que designaba la familia de Publio Cornelio Escipión Africano, el general romano vencedor de Aníbal.
Variantes: Corneliana; *cat.* Cornella, Cornèlia; *eus.* Kornelle.

Cósima   *On. 26-9*
Del griego *kosmas*, 'adornado', 'bello'; presente en la forma medieval Cosmas y en la palabra moderna 'cosmética'. Se propone también como significado 'del universo'.
Variantes: *cat.* Còsima; *it.* Còsima, Cosma; *eus.* Kosme.
Cosima Liszt, hija de Franz Liszt, esposa de Hans von Bülow y amante y esposa de Richard Wagner (1837-1930).

Covadonga   *On. 8-9*
Probable alusión al lugar donde fue hallada una imagen de la Virgen, la *Cova-donna*, es decir, 'Cueva de la señora'. Es un nombre muy popular en Asturias, en honor a la primera batalla victoriosa del rey don Pelayo contra los árabes, inicio de la Reconquista.

Crescencia   *On. 15-7*
Del cristiano-romano *crescens*, 'que crece', es decir, 'vital, robusto'.
Variantes: Crescenciana, Crescentiana, Crescentina; *eus.* Keslentze.

Crisanta   *On. 25-10*
Nombre alusivo a la 'flor de hojas doradas' (en griego *krisanthos*, literalmente 'flor de oro').
Variantes: Crisantema, Crisantemo; *ast.* Clis; *eus.* Kirtsande.

Crispina *On. 5-12*
Del griego *crepís,* 'zapato', se formó el sobrenombre Crepín, 'zapatero', asimiladp por homofonía a Crispín, gentilicio de Crispo, y éste, del latín *crispus,* 'crespo, de pelo rizado'. En todo caso, el nombre conservó su significado original por san Crepín y san Crepiniano, hermanos zapateros que fueron apóstoles del norte de Francia en el siglo III, de modo que san Crispín acabó siendo considerado el patrón de los zapateros.
Variantes: Crispa, Crispiana, Crispiniana, Críspula.

Cristiana *On. 27-7*
Del latín *christianus,* 'seguidor, discípulo de Cristo, cristiano' (Cristo, del griego *Christós,* 'ungido', aludiendo al Mesías). Popular en los países nórdicos (el antiguo nombre de Oslo era Cristianía).
Variantes: *fr. ing. al.* Christiane; *sueco,* Kristin; *finés,* Kristiina.
Christiane Vulpius, esposa de Goethe (†1806).

Cristina *On. 24-7*
Nombre prometedor, es femenino de Cristo, significa 'la ungida', por el griego *jrío,* 'ungir', que da *jristós.* Dado que la unción era el rito que consagraba a los reyes, el antropónimo proclama que su portadora está llamada a lograr sus más elevadas metas. Según se cuenta, santa Cristina (1150-1224), de sobrenombre *la Admirable,* llegó a levantarse del sepulcro y volvió a la vida para poder cumplir su último empeño: rezar por las ánimas del purgatorio. A veces se considera variante de Cristiana.
Variantes: Cris (hip.); *gall.* Cristiña; *eus.* Kristiñe.
Cristina Almeida, abogada y política española (1944). Chris Evert-Lloyd, tenista estadounidense (1954). Cristina Hoyos, bailarina y coreógrafa española (1946). Cristina de Borbón, infanta de España (1965).

Cruz *On. 14-9*

La palabra latina de donde procede, *crux*, conserva el mismo significado en español. Como símbolo del Sol, evoca uno de los más antiguos cultos de la humanidad, y tras la pasión y muerte de Jesucristo en la cruz, enriqueció su sentido en el mundo cristiano con la idea de redención. La expresión cristiana *in hoc signo vinces*, «con este signo vencerás», simboliza en la cruz la fuerza para vencer todo mal. Es indistintamente masculino y femenino, aunque se usa mayormente como nombre de mujer.

Variantes: Crucita, Maricruz (del compuesto María de la Cruz); *cat.* Creu; *eus.* Gurutze, Guruzne; *griego*, Stavra.

Cunegunda *On. 3-9*

Nombre de origen germánico, *Kunigunde,* significa 'combatiente audaz' (*kühn-gundi*) o 'de estirpe audaz' (*kunni-gundi*); como audaz fue su patrona, santa Cunegunda, que pasó a la historia porque no sólo logró conservar, siendo reina, el voto de castidad, sino que convenció a su santo esposo, el emperador Enrique II, para que hiciera lo propio.

Variantes: *cat.* Conegunda; *fr.* Cunégonde.

Cunégonde, protagonista femenina del *Candide* de Voltaire.

D

Dácil *S/on.*
Nombre canario, al parecer, anterior a la colonización española de estas islas. Ha sido relacionado con el guanche *d'azil*, 'luminosa'.
Dácil, noble canaria, esposa de Adxona, rey de Abona en el siglo xv.

Dafne *On. 13-7*
Nombre mitológico. Dafne era una ninfa hija del río Peneo, quien la metamorfoseó en laurel (*daphne*, en griego) para salvarla del acoso sexual de Apolo. El dios cortó entonces una rama del árbol y se coronó con ella, con lo que el laurel pasó a ser considerado el premio a los poetas.
Variantes: Dafnis; *fr. ing.* Daphne; Daff, Daffie (hips.).
Daphne du Maurier, novelista británica, autora de *Rebeca* (1907-1989).

Dagoberta *On. 9-3*
Del germánico *dag*, 'claridad', y por extensión, 'día' (el inglés *day* procede del mismo radical), y *berht*, 'ilustre, famoso', 'brillante'; se puede interpretar como 'resplandeciente como el día'.
Variantes: *fr. al.* Dagoberte.

Daisy *On. como Margarita*
Forma hipocorística inglesa de *Margaret,* Margarita, pero no con su significado de 'perla', sino de 'flor': la margarita se llamaba en anglosajón *daeges eage,* 'ojo del día', por su aspecto y por abrirse al alba.
Daisy Fuentes, modelo, actriz y locutora estadounidense (1966).

Dalia *On. 5-10*
Nombre femenino, tomado del de la flor bautizada en honor del botá
nico succo *Dahl* (sueco *dahl*, 'valle'). También es el nombre de una
población griega, antiguamente Daulis.
Variantes: Dahlia; *cat.* Dàlia; *ing.* Dahlia.

Dalila *S/on.*
De origen bíblico, significa 'rizo ondulado'. Se llamó así la amante de
Sansón, a quien traicionó cortándole precisamente los ondulados rizos
de su cabellera, tras descubrir que ahí residía el secreto de su fuerza.
Variantes: *ing. al.* Delilah.

Dámaris *On. 4-10*
Nombre femenino bíblico. Del griego *damar*, 'mujer casada', 'esposa'.
Quizás el personaje citado en la Biblia sea un símbolo de una clase social.
Variantes: *cat.* Dàmaris; *ing. al.* Damaris.
Dámaris, en la Biblia, ateniense convertida al cristianismo al mismo tiempo que
Dionisio Areopagita.

Damia *S/on.*
Del griego *damo*, variante de *demo*, 'pueblo': 'la popular', 'la querida'.
Nombre mitológico de una antigua deidad griega, aplicado a veces a
las diosas romanas Ceres o Cibeles.

Damiana *On. 27-9*
Son dos los orígenes propuestos para este nombre. Parece derivar del
griego *Damía,* diosa del crecimiento y la fertilidad, de donde se formó el
adjetivo *damiános,* 'consagrado a Damia'. El culto a esta diosa se exten-

dió por toda Grecia y llegó hasta Roma, donde Damia fue asimilada a la diosa de la agricultura Deméter, la Ceres romana. Otra etimología lo relaciona con el griego *damianós*, 'el que doma'. Pero es más probable el primer significado, que supone toda una llamada a la vida, consecuente con el ejemplo de san Damián, mártir por ejercer gratis la medicina. Variantes: *fr.* Damienne; *eus.* Damene.

Dana *S/on.*
En masculino, es el nombre de un patriarca bíblico principal. Procede del hebreo *dan*, que significa 'justicia'.
Dana Welles Delany, actriz televisiva estadounidense (1956). **Dana Michelle Plato**, actriz de cine estadounidense (1964-1999).

Dánae *S/on.*
Nombre mitológico, alude a la leyenda del personaje mitológico Dánae, hija del rey de Argos, poseída por Zeus transfigurado en lluvia de oro. De *daio*, 'tierra árida fecundada por la lluvia'. La escena de la lluvia dorada ha sido constante fuente de inspiración de artistas.

Daniela *On. 21-7*
Quienes así se llaman llevan escrito en el nombre su deseo de justicia. Procede del hebreo *Dan*, 'juez' o 'justicia', que con el sufijo posesivo *i* y la partícula *El*, alusiva a Yahvé, da el significado 'Dios es mi juez'. Su patrón, patriarca hijo de Jacob y Raquel que da nombre a un libro de la Biblia, es uno de los profetas mayores, muy apreciado en su tiempo por su sabiduría, por su don para interpretar los sueños y por su actuación ejemplar siempre a favor de las causas justas. Variantes: *fr.* Danielle; *eus.* Danelle.

Davidia *On. 26-6*
Encierra este nombre la más elevada manifestación de la humanidad: el amor. Forma escocesa femenina de David, procede del hebreo *dawidh*, 'amada', y por evolución, 'amiga'. Tan bello es su sentido que se han creado para él muchos otros antropónimos, como Agapita, Amada, Jalila o Pánfila; pero es Davidia la que ha tenido más fortuna.

Davina *S/on.*
Nombre típico finlandés. Significa 'la luz de Finlandia'. Tiene gran aceptación su forma hipocorísta Dav.

Davinia *On. 3-6*
Nombre latino, que significa 'de la familia de Davus'. Suele confundirse con Davidia, forma femenina de David.
Variantes: Davina; *cat.* Davínia.

Dea *S/on.*
Nombre latino, directamente de *dea*, que significa 'diosa'.

Débora *On. 21-9*
Del hebreo *deborah*, 'abeja', lo que lo empareja en significado con Apio y Melisa. En la antigüedad popular por una profetisa y jueza israelita, autora de un bello cántico a Yahvé. En uso desde los puritanos de los países anglosajones, y después de un tiempo en que perdió aceptación, este nombre conoce hoy una renovada popularidad en España.
Variantes: *fr. ing. al.* Deborah; *it.* Debora.
Deborah Kerr, actriz cinematográfica escocesa (1921). **Debbie Reynolds**, actriz cinematográfica estadounidense (1932).

Deiñe   *On. como Anunciación*
Forma eusquera de Anunciación.

Dejanira   *S/on.*
Nombre mitológico. Su significado alude a un personaje mitológico, habitual en la tragedia: *déianeira*, que significa 'destructora de hombres' (de *déion*, 'destruir', y *áner*, 'hombre'). En la mitología griega fue la esposa de Hércules, a quien provocó la muerte por celos, al darle la túnica envenenada del centauro Neso.
Variantes: Deyanira; *cat.* Dejanira.

Delfina   *On. 26-9*
De origen legendario, este nombre concita, con sólo pronunciarlo, un sinfín de imágenes atractivas. Del genitivo griego *delfínos,* 'del delfín', animal mítico relacionado con el poder benéfico del mar. Por el prestigio de este amigo acuático del hombre, su presencia en la iconografía y en la toponimia es muy abundante: de la isla de Delfos al Delfinado francés; del Apolo Delfíneo al Cupido cabalgando sobre un delfín. Tuvo gran auge tras convertirse en el título de los hijos del rey de Francia.
Variantes: *eus.* Delbiñe.
Delphine Gay, madame Emile de Girardin, escritora francesa (1804-1855). **Delphine Ugalde**, cantante francesa (1829-1910).

Delia   *On. 20-7*
Sobrenombre griego de la diosa Diana, conocida así por haber nacido en la isla de Delos. Conoce hoy una gran popularidad en España. Se considera también como una forma hipocorística de Adela o como una variante italiana femenina de Elías.

Deméter *S/on.*
Nombre de la mitología griega: Deméter, divinidad mayor griega, hija de Cronos y Rea y diosa de la abundancia y de la fertilidad. De origen poco claro, es interpretado de diversas formas: 'tierra-madre', 'madre del trigo', 'madre de Dios'. En todas destaca el elemento maternal, esencial en la diosa.

Demetria *On. 21-11*
Adjetivación del nombre griego Deméter, que significa 'relativo a Deméter' o 'consagrado' a esta diosa.
Variantes: Demetriana; *cat.* Demètria.

Denisa *On. 6-12*
Hipocorístico de Dionisio, a través de la forma francesa *Denis*. Es el nombre del vitalista dios del vino, equivalente al romano Baco.
Variantes: *fr.* Dénise; *ing.* Denise.
Denise Richards, actriz de cine y modelo estadounidense (1972).

Deodata *On. 31-1*
Del latín *deodatus*, 'dado por Dios'. Fórmula natalicia de buen augurio.
Variantes: Adeodata; *cat.* Deudonada, Deodada.
Diodata Saluzzo, poetisa italiana (1774-1840).

Desdémona *S/on.*
Shakespeare se inspiró para este nombre en el *Hecatommithi* de Cinthio (1565), donde aparece en la forma *Disdemona*, sin duda adaptación del griego *dysdaímon*, 'desdichada'.
Desdémona, amante de Otelo en el célebre drama shakespeariano (1604).

Desideria *On. 23-5*
Del latín *desiderius*, 'deseable', o más bien, 'deseoso' (de Dios). Hoy algo en desuso, pero vivo en su forma francesa, Désirée. Es una variante del nombre Deseada.
Variantes: *al.* Desidere; *fr.* Désirée; *ing.* Desiderata; *eus.* Desidere.

Désirée Clary, prometida de Napoleón y más tarde esposa de su general Bernardotte, lo que la convirtió en reina de Suecia al ser coronado éste como Carlos XIV (1777-1860).

Diana *On. 9-6*
Claridad. Divina, clara, celestial, diurna. Contracción del latín *diviana*, 'divina': Diana, 'la del día, la diurna', y por extensión, 'la clara', 'la celestial'. En la mitología romana, diosa lunar, equivalente a la Artemisa griega, eterna cazadora de los bosques, que recorría acompañada de ochenta ninfas.
Variantes: *fr.* Diane; *ing.* (hip.) Di.

Diane Fossey, zoóloga estadounidense, su vida inspiró el filme *Gorilas en la niebla* (1932-1988). Diana Ross, cantante estadounidense (1945). Diane Keaton (Diane Hall), actriz cinematográfica estadounidense (1946), compañera sentimental de Woody Allen. Diana Spencer, *lady Di,* princesa de Gales (1961-1997).

Digna *On. 12-8*
Nombre de origen latino, es femenino de *dignus,* 'ser digno', 'merecedor de algo', como adjetivo derivado de *decet,* 'conviene'.

Dimna *On. 15-5*
Nombre de origen irlandés. Su posible significado es 'bondadosa, conveniente'. Tal vez proceda de *damnat,* 'ciervo pequeño'.
Variantes: Dimpna, Dymphna.

Dina *S/on.*
Nombre hebreo, de significación poco clara. Se ha propuesto a veces
'litigio', 'artificiosidad', aludiendo a la historia del personaje bíblico.
Suele usarse como forma hipocorística de Claudina, Blandina o nom-
bres análogos, así como, en los países anglosajones, de Diana.
Dinah Shore (Frances Rose Shore), cantante y actriz estadounidense (1917-1994).
Dinah Washington (Ruth Jones), cantante de jazz y gospel estadounidense (1924-1963).

Dionisia *On. 15-5*
De *Dios Nysa*, es decir, 'dios de Nisa', localidad egipcia donde tenía un
templo este dios de la embriaguez, las fiestas y las bacanales. Por
Dionisios, la divinidad griega que personificaba estos ritos, se originó la
palabra 'dionisíaco', en oposición a la claridad y lucidez de lo 'apolíneo'.

Divina *S/on. scc. Pastora*
Del latín *divinus*, 'de Dios, divino' (*deus*, 'Dios'). Nombre femenino,
alusivo a la Divina Pastora, advocación mariana.

Doli *S/on.*
Nombre de mujer navajo; significa 'pájaro azul', 'azulejo'.

Dolores *On. Viernes de Pasión*
Nuestra Señora de los Dolores es la más universal de las advocaciones
de la Virgen, pues arranca del mismo Evangelio y no está vinculada a
ninguna aparición local. Del latín *doleo*, que significa 'sufrir', y hace referencia a la capacidad para superar el sufrimiento de quienes llevan este nombre, que tienen por ejemplo a la Madre Dolorosa. Ha sido y es
muy popular en España, en especial en sus formas hipocorísticas.

Variantes: Lola, Loles, Loli (hips.); Lolita, Lolina; *ast.* Dora; *cat.* Dolors; *gall.* Dóres; *it.* Addolorata; *eus.* Nekane.

Dolores Ibárruri, *la Pasionaria,* líder comunista española (1895-1989). **Dolores del Río,** actriz de cine mexicana (1904-1983). **María Dolores Pradera,** cantante española (1924).

Domiciana *On. 9-8*
Nombre latino, derivación de *domus,* 'casa'. *Domitianus* significa 'de la casa, doméstico, familiar'. En el siglo I Domicia Longina destacó por su forma de resolver los problemas domésticos, pues fue la inductora del asesinato de su marido, el emperador Domiciano.

Dominga *On. 12-5*
Nombre muy popular en la Edad Media. Del latín *dominicus,* 'del señor' o *dominus,* o sea, 'consagrado al Señor, a Dios' (de donde el nombre del día de la semana).
Variantes: Dominica, Domínica; *cat.* Domenja.

Dominica *On. 6-7*
Forma antigua de Dominga; significa 'guardada para el Señor'. En nuestra lengua se aprecia sobre todo su variante francesa, un nombre con imprecisas connotaciones de sensualidad gala.
Variantes: *al.* Dominika; *it.* Domènica, Mènica; *fr.* Dominique.
Dominique Sanda (Dominique Varaigne), actriz francesa (1951). **Dominique Swain,** actriz cinematográfica estadounidense (1980).

Donaciana *On. 6-9*
Derivación de *donatus,* 'dado', 'don', aludiendo al nacimiento. Por derivación adjetival, pasa a Donaciana, 'de la familia de Donato'.

Donají   S/on.
Nombre de origen zapoteco, usado habitualmente en México por Donají, legendaria princesa zapoteca, en el estado mexicano de Oaxaca. Es aféresis de *Sadunashí,* o *Sadunaxí* en la grafía antigua, y significa 'la que será amada'. Otra etimología lo relaciona con *do,* 'virgen' o 'mujer joven', *nashí,* 'amada', de donde Donashí, 'la virgen amada'.

Donata   *On. 21-5*
Del latín *donatus,* 'dado', aplicado a un recién nacido. La expresión 'dado' o 'regalo, don' es frecuente en la onomástica.
Variantes: *cat.* Donada; *gall.* Donada, Doada; *eus.* Donate.

Dora   *On. 4-4*
Forma hipocorística de nombres como Dorotea, Teodora o Auxiliadora. Posee asimismo entidad propia, por el griego *doron,* 'don, regalo, presente' o 'bienaventurada, dichosa'.
Variantes: Doris, Dori, Dorinda.
Dora Carrington, pintora británica, miembro del grupo de intelectuales de Bloomsbury (1893-1932). **Dora Maar** (Dora Markvitch), fotógrafa y pintora francesa de origen ruso, modelo y compañera sentimental de Picasso (1907-1997).

Dorinda   *On. como Dorotea*
Nombre de fantasía, formado por la unión de Dora con el sufijo germánico *-lind,* que significa 'suave', 'dulce' (cf. Linda), a imitación de otros como Florinda o Belinda. Por su sonoridad y significado bucólicos, fue muy apreciado por los amantes de la literatura pastoril del Renacimiento tras el éxito del personaje Dorinda, amante de Silvio en la obra *Il pastor Fido* (1590), del escritor italiano Guarini.

Doris   *On.* 6-2
Aunque suele tomarse como variante de Dora, es en realidad nombre
mitológico (Doris, esposa de Nereo y madre de cincuenta ninfas), y es
gentilicio de la Dórida, patria de los dorios en la antigua Grecia.
Estuvo muy en boga en toda Europa a finales del siglo XIX, en especial
en los ambientes artísticos y literarios.
Es invariable en la mayoría de las lenguas.

Doris Hart, tenista estadounidense (1925). **Doris Lessing**, novelista británica de origen
iraní (1919). **Doris Day** (Doris von Kappelhoff), cantante y actriz estadounidense (1924).

Dorotea   *On.* 6-2
Este nombre señala a su portadora como una elegida de la providencia.
Procede del griego *doro-theos,* donde el primer elemento, *doron,* significa 'regalo, don', y el segundo, *zeós,* que se transcribe *theós,* es la palabra griega para expresar la divinidad. Su significado es bien conocido:
'don de Dios'. Los mismos elementos, invertidos, forman Teodora, y
existen muchos más nombres con significado equivalente: Adeodata,
Diosdada, Donadea, Dositea, Elesbaán, Elisabet, Godiva, Natanaela,
Teodoreta, Teodosia, Zenodora; pero entre todos ellos, es este antropónimo, junto con Elisabet, el que mejor ha aguantado el paso del tiempo.
Variantes: *al.* Dorothea; *fr.* Dorothée; *ing.* Dorothy; *eus.* Dorote.

Dorothea Lange, fotógrafa estadounidense (1895-1965). **Dorothy Lambert-
Chambers**, legendaria jugadora de tenis británica.

Dorrit   *On. como Dorotea*
Forma hipocorística anglosajona de Dorotea. Se hizo popular por el
éxito de la novela *La pequeña Dorrit* (1857), de Charles Dickens.
Variante: Dorrie.

Dulce *On. 12-9*
Nombre místico femenino, que aludc al Dulce Nombre de María.
Procede del latín *dulcis*, 'dulce'. De él derivó también el nombre de
Dulcinea, dado por Cervantes a la amada imaginaria de Don Quijote.
Variantes: *cat.* Dolça; *ing.* Dulcie.

Dolça de Provença, esposa del conde de Barcelona Ramón Berenguer III y madre de
Ramón Berenguer IV (ss. XI-XII). **Dulce María Loynaz**, poetisa cubana, en 1992 recibió
el Premio Cervantes (1903-1997).

Duna *On. 24-10*
Nombre germánico, derivación de *dun* o *tun*, que significa 'colina'.
A veces se considera, erróneamente, sinónimo de Dunia.

Dunia *S/on. scc. Duna*
Nombre de origen árabe, *Dunya*, que tiene el significado de 'señora
del mundo'. Es frecuente asimismo en los países rusos, allí como variante del germánico Duna (*dun* o *tun*, 'colina'),
Variantes: *al.* Dunja; *cat.* Dúnia.

Eberarda   *On. 7-4*

Si el oso, animal muy recurrente en la onomástica germana, representaba para el antiguo mundo indoeuropeo el poder terrenal, el jabalí simbolizaba la autoridad espiritual. Este nombre teutón procede de *eber*, 'jabalí' (cf. latín *aper*, inglés *boar*) y *hard*, 'fuerte, audaz', y puede ser interpretado metafóricamente como 'princesa audaz'. Por similitud fonética se identifica a menudo con Abelarda.

Edda   *On. 7-7*

Nombre de origen germánico; es una derivación de *hrod*, 'fama, gloria', que fue puesto de moda por el movimiento romántico. Designa la recopilación de tradiciones legendarias de los pueblos escandinavos. Suele ser forma hipocorística de Edita, Edwina o Eduarda.

Edda Moser, cantante de ópera sueca.

Edelmira   *On. 2-1*

Del germánico *athal,* 'estirpe noble', y *miru*, 'ilustre'; se interpreta como 'famosa por la nobleza de su linaje'.

Variantes: Adelmara, Delmira, Dalmira.

Delmira Agustini, poetisa uruguaya (1866-1914).

Ederne   *S/on.*

Nombre eusquera femenino, relacionado con *eder*, 'bello', 'gracioso'. Sin equivalencia exacta, a veces se da como variante de Gala.

Edgara *On. 8-7*
Femenino de Edgar, variante inglesa antigua de *Edward,* o quizá del anglosajón *Eadgar,* por *ead,* 'propiedad, riqueza', y *gar,* 'lanza', interpretado como 'el protector de la comunidad'. Tiene entidad propia gracias a san Edgar el Pacífico, rey sajón del siglo X glorificado por su atractivo físico y su gallardía. Su leyenda se confundió más tarde con la del danés Ogiero, nombre portado por uno de los paladines de Carlomagno.
Variantes: Edgarda, Ogiera; *al. cat.* Otgera; *fr.* Ogiera; *it.* Oggera.

Edilma *On. 30-1*
Contracción de Adelelma, a su vez constituido con las raíces germánicas *atah-elm,* 'protector noble'. También de Eduarda y Vilma.

Edita *On. 16-9*
Nombre germánico, formado con la raíz *ed,* 'riqueza', y *gyth,* 'combate'. Se suele presentar en su forma original inglesa, Edith.
Variantes: *ing.* Edith (hip. Edie).
Edith Cavell, enfermera y heroína británica (1865-1915). Edith Newbold Wharton, novelista estadounidense (1862-1937). Edith Piaf, cantante mítica francesa (1915-1963). Edith Cresson, política francesa (1934).

Edmunda *On. 20-11*
Si el segundo componente de este nombre germánico está claro: *mund,* 'protección', se proponen dos etimologías para el primero, *hrod,* 'gloria', y *ead,* 'patrimonio'. Según se elija una u otra, se interpreta como 'la protectora de la victoria' o 'la defensora de la propiedad'.
Variantes: *cat. it.* Edmonda; *fr. ing.* Edmonde, Edmunde; *eus.* Emunde.
Edmonia Lewis, primera mujer negra que fue reconocida como escultora (1845-1890).

Edna *S/on.*
Nombre de origen hebreo, cuyo significado es 'delicia', 'rejuveneci-
miento', etimológicamente equivalente a Edén.
Edna Lyall, seudónimo de la novelista inglesa Ada Ellen Bayly (1857-1903).

Eduarda *On. 5-1*
Se barajan dos etimologías: la más aceptada señala en su origen los elementos germánicos *hrod*, *'gloriosa'*, y *ward*, 'guardiana', de modo que
se interpretaría 'guardiana digna de gloria'. Otra menos probable lo deriva de *ead*, 'propiedad, riqueza', y *gar*, 'lanza', metafóricamente interpretable también como 'defensora'. Su forma masculina anglosajona,
Edward, ha tenido un lugar muy destacado en la historia de Inglaterra.
Variantes: Duarda, Duarte; *fr.* Édouarde; *ing.* Edwarde; *it.* Edoarda; *eus.*
Edorte; *port.* Duarta.

Edurne *On. como Nieves*
Forma eusquera de Nieves.

Eduvigis *On. 16-10*
De *hathu-wig*, duplicación de la palabra 'batalla': 'guerrero batallador'.
Por su significado, combativo al cuadrado, es uno de los más popula-
res nombres germánicos, aunque poco habitual en España.
Variantes: Euduvigis, Edvigis; Avoiza (hip.); *al.* Hedwig (hip. Hedy);
ast. Eduvixes; *cat.* Eduvigis; *gall.* Eduvixe; *fr.* Edvige, Edwige; *ing.*
Heddalt, Edvige; *eus.* Edubige.
Eduvigis, reina de Hungría y Polonia en el siglo XIV. Hedy Lamarr (Hedwig Eva Maria
Kiesler), actriz de cine estadounidense, de origen austríaco (1913-1999). Edwige
Feuillère (Caroline Cunati), gran dama del cine y del teatro franceses (1907-1998).

Efraína   *On. 9-6*
Es un canto a la fertilidad. Variante siria del hebreo *Ephrarahim*, que consiste cn una intensificación del significado de feracidad: 'muy fructífero'. Se llamó así el hijo segundogénito del patriarca bíblico José, jefe de la tribu hebrea a la que dio nombre.
Variantes: Efraíma, Efrena; *cat.* Efraïma.

Egeria   *S/on.*
Del verbo griego *egeiro*, 'excitar', 'mover'. La ninfa romana de este nombre, ligada a la figura del rey Numa, es considerada portadora del atributo de la inspiración, como sugiere su nombre, pues la creación artística a menudo ha sido relacionada con un espíritu arrebatado.
Variantes: cat. Egèria; *gall.* Exeria.

Egidia   *On. 1-9*
Nombre de origen griego, traducible como 'la protegida', o literalmente, 'la que está bajo la égida' atendiendo a su origen en *aegis*, pues la égida no era sino la piel curtida de la cabra Amaltea (por *aix*, 'cabra'), nodriza de Júpiter, y con esa piel se fabricó el escudo de Júpiter y Minerva.
Variantes: *cat.* Egídia; *gall.* Exidia.

Egone   *On. como Ascención*
Forma eusquera de Ascensión.

Eira   *S/on.*
Entre los pueblos escandinavos, es el nombre de una diosa protectora de la salud. Además de este bello significado, forma parte de una oleada de nuevos nombres escogidos entre nosotros por su eufonía.

Elena *On. 18-8*
La luz y el esplendor son componentes indiscutibles de este nombre, aunque sean varias las propuestas etimológicas. Es variante gráfica de Helena, que probablemente procede del griego *heláine,* 'tea de olivo', 'antorcha', a través de *élaion,* que era el combustible para obtener luz artificial. En su origen puede estar también el nombre de una antigua divinidad identificada con el amanecer, la luz blanca de la aurora. Y hay quien lo deriva de Seléne, nombre griego de la Luna, a partir de *sélas,* 'brillo, relámpago, chispa'. Además de esta triple evocación a la luminosidad, el nombre evoca a la mítica Helena, la mujer más bella de la antigua Grecia, origen de la guerra de Troya según *La Ilíada.* La *Elaine* de los romances de la Tabla Redonda es la versión francesa de una antigua forma galesa del mismo nombre. En el mundo cristiano adquirió prestigio por la emperatriz santa Elena (h. 246-328), madre de Constantino el Grande, que convirtió a su hijo al cristianismo y según la tradición, defendió en el Imperio las causas de los más desfavorecidos.
Variantes: Helena; *ing.* Elinor; *eus.* Elen; *neer.* Ellen.
Elena Metzger, científica francesa, de origen judío (1889-1944). Elena Ochoa, psiquatra española (1958). Elena Quiroga, novelista y académica española (1919-1995). Elena de Borbón, infanta de España (1963).

Eleonor *On. 22-2*
Nombre derivado del occitano *Aliénor,* y éste, a su vez, a partir del radical gótico *alan,* que significa 'crecer'. Otra etimología lo hace proceder del masculino gaélico *Leonorius,* portado por un obispo de Bretaña del siglo VI (probable aglutinación de León y Honorio).
Variantes: Leonor; *al.* Lenore, Lore; *ast.* Lionora; *cat.* Elionor; *fr.* Éleonore; *ing.* Eleonor, Eleanore, Eleanora; *it.* Eleonora; *eus.* Lonore.

Eleonora, *Billie,* Holiday, cantante de blues y jazz estadounidense, llamada «el Ángel de Harlem» (1915-1959). **Anna Eleanor Rossevelt**, escritora y política estadounidense, primera dama de Estados Unidos (1884-1964). **Eleonora Duse**, actriz italiana (1858-1924).

Eleuteria   *On. 20-2*

Nombre romano (*eleuthería*, 'libertad'), derivado del griego *Eleutherion*, por unas fiestas en honor de Júpiter Liberador. También es adjetivo, *eleutherios*, 'libre', 'la que actúa como un ser libre'.
Variantes: *cat.* Eleutèria; *gall.* Leutera, Outela.

Elia   *On. 20-7*

Forma femenina del hebreo *Elia*, latinizado posteriormente en el masculino *Elías*. Teóforo por excelencia, está formado por las partículas *El-iah*, sendas alusiones indirectas a Yahvé, nombre impronunciable por tabú religioso. Es también forma masculina en otras lenguas.
Variantes: Elía, Delia; *fr.* Élie.

Elia María González-Álvarez, conocida como Lilí Álvarez, tenista, piloto de carreras y esquiadora española (1905-1998).

Elicia   *On. 4-4*

En masculino, sobrenombre dado en Roma al dios Júpiter, por *Elicius*, que significa 'el atraído por arte de magia'.

Elidia   *On. 28-5*

Nombre griego, gentilicio de la *Helis*, comarca del Peloponeso, en cuya capital, Elida, se celebraban los juegos olímpicos. Por esta razón, el nombre connotaba en su origen el afán de superación del deporte.
Variante: Elida; *cat.* Elídia; *gall.* Elida.

Elisa *On. 2-12*

En hebreo, *Elyasa*, que es de donde procede este nombre, significa 'Dios me ayuda'. Aunque habitualmente se considera hipocorístico de Isabel o Elisabet, lo cierto es que se trata de un nombre con entidad propia, que aparece ya en la mitología griega como nombre tirio de Dido, reina de Cartago, célebre por su historia de amor con Eneas.

No varía en las lenguas vecinas. En Gran Bretaña y Cataluña se usa a veces la forma de *Elissa*, sobrenombre de Dido, legendaria reina de Cartago. Variante: *fr.* Elise.

Elisa O'Neill, actriz irlandesa (1791-1872). Elisa Lerne, escritora venezolana (1932). Elisa Orzeszkova, novelista polaca (1841-1910). Elisa Ramírez, actriz española (1945). Elisa Peimer, cantautora de música *folk* estadounidense (1961).

Elisabet *On. 17-11*

Así se proclamaba el compromiso de Dios para con su creatura, a quien se auguraba el mejor de los destinos. Forma griega del hebreo *Elischeba*, 'juramento de Dios' o 'Dios es mi juramento', por analogía con *Yehosheva*. Otros etimologistas lo derivan de *Eli-zabad*, 'Dios da'. Se suele presentar como la forma antigua de Isabel, pero parece que, al menos en su origen, son dos nombres distintos. Por su gran popularidad en todos los tiempos, presenta infinidad de formas en cada lengua. Variantes: *al.* Else, Elis, Betty, Lise, Lisl, Lisy (hips.); *fr.* Élisabeth; *ing.* Elizabeth; Liz, Lizzie, Bess, Beth, Betsy, Betty (hips.); *it.* Elisabetta; Bettina (hip.); *eus.* Elisabete.

Elisabeth, llamada *Sissí*, emperatriz de Austria-Hungría (1837-1898). Liza Minnelli, actriz y cantante estadounidense (1946), obtuvo un Oscar por *Cabaret*. Elizabeth Taylor, actriz de cine estadounidense (1932). Elisabeth Schwarkopf, soprano británica de origen alemán (1915). Elisabeth Shue, actriz estadounidense (1963).

Elisea *On. 14-6*
Del hebreo *El-i-shuah*, que significa 'Dios es mi salud'. En masculino es el nombre del compañero y heredero espiritual del profeta Elías. Es equivalente etimológico de los nombres Josué y Jesúa.
Variantes: Elísea; *asc.* Elixe; *ing.* Elisha, Ellis.

Elisenda *On. 14-6*
Variante medieval de Elisa o de Elisabet, con el sufijo adjetivador *-en-dus*, que significa 'relativo a' (cf. Menda). Muy popular en Cataluña.
Elisenda de Moncada, reina de Aragón, tercera esposa de Jaime II (1292-1364) y fundadora del monasterio de Pedralbes. Elisenda Roca, periodista española (1956).

Elma *On. 4-4*
Variante de Erma, a su vez contracción de Erasma. La componente final del nombre es interpretable como *helm*, 'protector'. Es popular en Estados Unidos, donde se suele usar como hipocorístico de Guillerma, a través del italiano *Guglielma*.

Elodia *On. 22-10*
Del griego *helodia*, 'relativo al río, a la huerta', y, por extensión, 'fértil'. Variantes: Helodia, Nunila. Es usado también como variante de Alodia (nombre germánico, de *all-od*, 'tierra íntegra, libre').

Eloísa *On. 1-12*
En tanto femenino del latín *Eloy*, forma francesa de *Eligius*, 'elegido', a partir del verbo *eligere,* 'elegir' (que dio también el antropónimo Eligia), se encierra en este nombre la idea de la predestinación, por lo que se empleó como un voto para que a la recién nacida le fuera re-

servada la mejor de las fortunas. Aunque esta es la interpretación habitual, en este nombre concurren otras fuentes: así Aloísia, forma inglesa de Luis, y también Alvisa, que significa 'sabia eminente'.

Variante: Eloína. A veces se considera variante de Elisa; *cat.* Eloïsa.

Eloísa, dama francesa, famosa por sus trágicos amores con Pedro Abelardo (1101-1164).

Elsa *On. 4-1*

Variante germánica de Elisa o de Elisabet.

Formas hipocorísticas: Elsie, Elsy (por influencia del inglés); *ing.* Alison.

Elsie Janis, artista de *music-hall* estadounidense, pareja de Maurice Chevalier (1889-1956). Elsa Morante, escritora italiana (1912-1985). Elsa Anka, modelo y presentadora de televisión española (1965).

Elvira *On. 25-1*

Apreciado desde siempre por su bella sonoridad y su significado, este nombre goza hoy además de un gran poder evocativo, al haber sido uno de los predilectos de las reinas y princesas medievales, entre ellas, una de las hijas del Cid Campeador. Su origen más probable es por evolución del gótico *Gailiviro,* de *gaila,* 'lanza', y *vers,* 'cortés, amable, amistoso', que daría las variantes antiguas Gelvira, Gelovira, Chelvira, Golvira y Geloira. Según este origen, se reconocía a la portadora del nombre como una 'noble guardiana', o como 'la más fiel amiga del guerrero'. Otra etimología señala el germánico *Athalwira* como precedente, compuesto de *athal,* 'nobleza' y *wira,* 'guardián'. En ambos casos, la alusión a la nobleza y la fidelidad y la aptitud para el combate quedan aseguradas. Para la consolidación de su forma final no debe descartarse la influencia del topónimo *Illiberis,* ciudad de Granada donde en el siglo IV se celebró un importante concilio, y hoy homónima.

Enedina *On. 14-5*
Nombre latino, gentilicio de Venecia (antiguamente, *Henetis*). O quizá del griego *enedynos*, 'complaciente'.
Variantes: Henedina; *cat*. Enedina, Henedina.

Engracia *On. 16-4*
Nombre cristiano alusivo al estado del alma. Procede del latín: *in gratia*, 'en gracia divina'. Según la tradición, ese don tuvo santa Engracia, mártir en Zaragoza (†303), que fue ejemplo de valor y resistencia.
Variantes: *cat*. Engràcia; *gall*. Engracia; *eus*. Geaxi, Ingartze.

Enia *S/on.*
Variante de Ena; significa 'pequeño fuego' en lengua gaélica, en alusión a la lumbre en torno a la cual se reúne la familia. Se hizo conocido entre nosotros por Ena de Battemberg, esposa de Alfonso XIII, y reina de España con el nombre de Victoria Eugenia.
Enya (Enya Brennan), compositora y cantante melódica irlandesa (1961).

Enrica *On. 13-7*
Evolución del germánico *heimrich*, 'casa poderosa', o, en otra interpretación, 'jefe de la casa', 'caudillo de la fortaleza'. Ha sido nombre predilecto de las casas reales de Francia, Castilla e Inglaterra.
Variantes: Eimerica (forma antigua), Henrica. Asimilado a los escandinavos Haakón y Eric. Forma habitual: Enriqueta (hip. Queta); *fr*. Henriette; *gall*. Henrica; *ing*. Harriet; *it*. Arriga (hip.); *eus*. Endike.
Enriqueta de Beaumont, primera mujer alpinista que logró escalar el Montblanc (1794-1871). Harriet Beecher-Stowe, novelista estadounidense, autora de la novela *La cabaña del tío Tom* (1811-1896). Henrietta Leavitt, astrónoma estadounidense (1868-1921).

Eréndira *S/on.*
Nombre de origen tarasco, usado mayormente en México, donde *iréndira,* adjetivo que significa 'la que sonríe, la risueña', evoca la figura de una legendaria princesa purépecha así llamada.

Erica *On. 18-5*
Femenino del germano es *Erich,* de la voz primitiva *Ewarik,* de *ewa* o *ea,* 'eternidad' (cf. el latín *aevum,* 'tiempo, eternidad', de donde nuestro *evo* y el inglés *ever*) y *rik,* 'jefe, caudillo'. Significa 'regidora eternal'. Identificado con Enrica. La forma femenina es pronunciada a veces Érica por influencia del latín *erica,* 'brezo', 'madroño'.
Erica Jong, escritora estadounidense, autora de *Miedo a volar* (1942).

Erina *On. como Ester*
Variante del persa Ester, 'estrella'. Concurre asimismo con el nombre de origen gaélico Erin, que significa 'paz', equivalente de Irene.

Ermelanda *On. 25-3*
Del germánico *Erme-land*, 'tierra de ermiones'.
Variantes: Hermelanda, Ermelinda (formada con el sufijo *-lind,* 'dulce'), Hermelinda, Ermelina, Hermelina; *cat.* Hermelanda.

Ermengarda *On. 4-9*
Nombre germánico, compuesto de *Ermin* (v. Erminia) y *gar*, 'preparado para el combate', o *gard*, 'jardín', respectivamente para las formas masculina y femenina. Identificado a menudo con Hermenegilda y con Armengola (de *Ermin-Gaut*, donde el segundo componente es el nombre de una divinidad).

Estefanía *On. 2-1*
Con este nombre, del griego *stéphanos*, 'guirnalda, corona', o literalmente, 'lo que rodea, envuelve, ciñe o corona', se señala a quien lo lleva como alguien que cumple sus propósitos, motivo por el cual debe ser coronado, en señal de triunfo. Es femenino de Esteban y equivalente de Laura, por analogía con la coronación de laurel. Su patrón es el protomártir Esteban, «primer héroe coronado» del cristianismo.
Variantes: Estéfana; *al.* Stefana; *ast.* Estebana; *cat.* Estevenia; *fr.* Étienne; *gall.* Esteva; *ing.* Stephene; *it.* Stèfana.
Stephanie Kramer, actriz estadounidense (1930). **Stéphanie Grimaldi**, princesa de Mónaco (1965). **Steffi Graf**, tenista alemana (1970).

Estela *On. 30-5*
Advocación mariana, tomada de una de las jaculatorias de las letanías a la *Stella matutina*, 'estrella de la mañana'. Es equivalente a Estrella.
Variantes: *cat.* Estel·la; *fr.* Estelle; *ing.* Stella.
María Estela Martínez de Perón, *Isabel*, política argentina, esposa de J. D. Perón (1931).

Ester *On. 21-12*
Este nombre con estrella tiene varias etimologías. Por su origen en el persa *stára,* que está tras el griego *astér* y ha dado 'astro, estrella' en numerosas lenguas, al pronunciar Ester aparece una de las imágenes que más ha excitado la imaginación humana: el cielo estrellado. Hay otras dos interpretaciones, menos probables: en hebreo, 'lo que está oculto'; y como variante de *Isthar,* la diosa babilónica Astarté, que curiosamente fue adoptada por los sometidos judíos y acabó evocando a su heroína por excelencia, mediadora de su pueblo ante el soberano.
Variantes: *fr. ing.* Esther (también variante gráfica en castellano).

Estée Lauder (Esther Mentser), empresaria de cosméticos estadounidense (1908). Esther Williams, actriz y nadadora estadounidense (1923). Esther Tusquets, editora y novelista española (1936). Esther Koplowitz, empresaria española, de origen judeoalemán (1950).

Estíbaliz   On. 1-5
Nombre vasco. Posiblemente se trata de una fórmula natalicia de buen augurio: *esti-ba-litz*, 'que sea de miel, dulce'.
Variante castellanizada: Estibáliz; *eus*. Estíbariz, Estitxu, Estiñe.
Estíbaliz Uranga, cantante española (1952).

Estrella   On. 15-8
Del latín *stella*, 'estrella' (cf. Ester), visible en la variante Estela y en la forma extranjera *Stella*. Son sinónimos: Asteria y Esterina.
Variantes: *cat*. Estrella, Estel·la.
Estrellita Castro, tonadillera, bailarina y actriz española (1912-1983).

Etelvina   On. 20-7
Del germánico *athal-win*, 'noble victorioso'.
Variantes: Telva (hip. bable); *cat*. Etelvina; *gall*. Etelvina.

Eudalda   On. 11-5
Nombre germánico: *hrod-ald*, que significa 'gobernante famosa'. En Cataluña es donde tiene mayor aceptación.

Eudoxia   On. 1-3
Nombre de una emperatriz oriental del siglo IV. Del griego *eu-doxos*, 'de buena opinión, doctrina o reputación' (cf. Clío, Eulalia).
Variantes: Eudosia, Eudocia; *fr*. Eudoxie, Eudocie; *it*. Eudossia.

Eurídice *S/on.*
De *euriedes*, 'espacioso', y *dike*, 'justicia': 'la gran justiciera'. Es el nombre de la mitológica esposa de Orfeo, a quien éste trató en vano de rescatar de los infiernos.

Eusebia *On. 16-3*
Proviene del griego *Eusébios*, de *eu*, 'bien, bueno', y *sébas*, 'piedad'. Su significado se amplió hasta el más general de 'irreprochable', en alusión a aquél que con sus obras honra a sus padres y a Dios. En este nombre se resumen las virtudes que la cultura cristiana ha tenido como fundamentales: la piedad, el amor y el respeto hacia el prójimo. Pero también hace referencia a la *virtus* ensalzada por el paganismo, hasta el punto que *Pius,* su equivalente latino, y nombre predilecto de los Papas, era también el sobrenombre con el que Virgilio ensalzó la calidad humana del troyano Eneas, nada menos que el fundador de Roma. Variantes: *cat.* Eusèbia; *fr.* Eusèbe; *ing. al.* Eusebia; *it.* Eusebia.

Eustaquia *On. 20-9*
Del griego *eu-stachys*, 'cargado de espigas', o sea, 'fecundo'.
Variantes: *cat.* Eustàquia; *fr.* Eustache; *ing. it.* Eustachia.

Eutalia *On. 27-8*
Este nombre, de origen griego, llega a través del latín eclesiástico *Euthalia*. Significa la que 'retoña bien', es decir, 'la floreciente'.

Euterpe *S/on.*
Nombre mitológico griego, de una de las nueve Musas, la que presidía la música. Viene de *eu-terpes*, 'llena de encantos', 'agradable'.

Eva *On. 19-12*
De este nombre emana toda la fuerza la naturaleza. Procede del hebreo *javá,* de *jai,* 'vida', y significa 'la que da la vida', por ser el nombre con el que Dios, según el Génesis, quiso honrar a la primera mujer, madre de todos los humanos. Los judíos alejandrinos tradujeron Eva con *Zoé,* que en griego significa 'vida'; y en la Edad Media fraguó la creencia de que las mujeres así llamadas disfrutaban de una vida más larga. Pero ha sido en época reciente cuando este nombre ha alcanzado mayor popularidad, y no sólo por su significado, sino también por su buen sonido. Variante: Evi, Evita; *fr. ing. al.* Eve; *ruso,* Evva, Jevva.

Éva Gonzalès, pintora impresionista francesa (1849-1883). Eva Rueda, gimnasta española (1971). Eva Duarte de Perón, *Evita,* dirigente política argentina, esposa de Juan Domingo Perón (1919-1952). Eve Lavallière, actriz francesa (1866-1929).

Evangelina *On. 27-12*
Nombre cristiano, evocador del Evangelio. Procede del griego *eu-angelon,* que significa 'buena nueva'.

Evangelina Booth, hija de William Booth y fundadora con él del movimiento protestante cristiano Ejército de Salvación (1865-1950).

Evarista *On. 26-10*
Del griego *eu,* 'buena', y *aristos,* 'selecto' (de donde proceden palabras como 'aristocracia'); significa 'buena entre los mejores'.

Evelia *On. 11-5*
Masculinización y posterior nueva feminización de Eva, concurrente con el germánico *Eiblin,* con Avelina y, quizá, con el adjetivo griego *euélios,* 'bien soleado, luminoso; radiante'.

Facunda   *On. 27-11*
Del latín *facundus*, 'que habla con facilidad'. Siendo la elocuencia una cualidad muy valorada en el mundo clásico, son multitud los sinónimos de este nombre, como Abudemia, Crisóstoma, Eufemia, Eulalia, Eulogia, Eurosia, Fantina o Farabunda.
Variantes: *gall.* Fagunda; *eus.* Pakunde.

Fadila   *S/on.*
Nombre árabe muy extendido, incluso más allá del ámbito del Islam. Significa 'generosa', en alusión a una principal virtud coránica, por lo que a veces se interpreta como 'mujer virtuosa'.

Faida   *On. 24-7*
Del germánico *faid*, 'desafío'. Nombre masculino, usado a menudo como femenino por concordancia.

Fanny   *On. 2-1*
Hipocorístico inglés de Francisca y de Estefanía. En los últimos tiempos está ganando aceptación como nombre con entidad propia.
Fanny Elssler, bailarina y coreógrafa austríaca (1810-1884). Fanny Buitrago, escritora colombiana (1940). Fanny Ardant, actriz de cine francesa (1952).

Fara   *On. 3-4*
Del griego *pharos*, 'faro'. Es también aféresis de Burgundófera, antropónimo germánico relativo a los burgundios, tribu bárbara que dio nombre a la actual región de la Borgoña, en Francia. Es también nombre árabe: *Faraj,* procedente de *faraján*, que significa 'alegre'.
Farah Diva, emperatriz de Persia, esposa del sha Mohamed Reza Pahlevi.

Farida *S/on.*
En árabe, este nombre pregona para su portador uno de los atributos de la divinidad, pues significa 'la única', 'la incomparable'. Por similitud fonética, en España *al-Farida* fue asimilado al nombre Alfreda.

Fátima *On. 13-5*
Entre los árabes, Fátima evoca ante todo a la amada hija de Mahoma y esposa de Alí (h. 605-633). Su nombre es 'doncella', por *fata*, 'joven', 'niña destetada', pero su verdadero sentido le viene del ejemplo de su portadora, alabada como mujer «perfecta» del Islam. Tal fue la admiración que despertó en el pueblo, que fue ella, y no su marido, como es costumbre entre moros y cristianos, quien dio nombre a la dinastía de califas. En Europa se extendió como advocación mariana desde las apariciones de la Virgen (1927) en la localidad homónima portuguesa.
Fátima Mernissi, ensayista marroquí, defensora de los derechos de la mujer (1941).

Fausta *On. 13-10*
Nombre cristiano-romano. Del latín *faustus*, 'feliz'. Popularizado por el personaje de la obra homónima de Goethe sobre el legendario doctor Fausto, quien había tomado su nombre de la voz alemana *faust*, 'puño', latinizado erróneamente como *Faustus*.
Variantes: Faustina, Faustiniana; *eus. fr.* Fauste.

Faustina *On. 15-2*
Gentilicio de Fausto, en latín, *Faustinus*.
Variantes: *gall.* Faustina, Faustiña; *cat. ing. al.* Faustina; *eus.* Paustiñe.
Faustina Hasse, cantante italiana (1700-1781). **Faustina Sáenz de Melgar**, novelista española (1834-1895).

Fe   *On. 1-8*
Nombre de una virtud teologal, del latín *fides*. La santa así llamada, martirizada en Agen, Aquitania, a fines del siglo IV, dio nombre a bastantes poblaciones del Nuevo Mundo.

Febe   *On. 3-9*
Nombre griego, que significa 'la pura', por *ephaibes*, 'adolescente', 'efebo' (*epi-ebe*, 'sobre la infancia'). Recibió este nombre una de las titánides de la mitología griega, hija de Urano y Gea, identificada a veces con Selene. Variante: Febes; *al*. Phöbe.

Federica   *On. 18-7*
Pocos significados hay más bellos que el de este nombre: 'princesa de la paz'. Toda una declaración de principios en una tradición onomástica como la teutona, que valoraba sobre todo el valor guerrero. Su forma antigua, gótica, es *Frithureiks*, de *frithu*, 'paz', y *reiks*, 'jefe, caudillo, poderoso'. Así se alude al poder ejercido por y para la paz, por lo que no sorprende que su gran aceptación entre las casas reales. Otros etimologistas proponen como primer elemento la palabra germana *frid*, 'protección, amparo, seguridad', que daría 'caudillo protector'.
Variantes: Fadrica; Fede (hip.); *cat. gall. port. ing*. Frederica; *it*. Federica, Federiga; *fr*. Frédérique; *eus*. Perderike.
Federica Montseny, intelectual y política española, líder anarquista y feminista (1905-1994).

Fedra   *S/on.*
Nombre mitológico, del griego *phaidimos*, 'brillante, ilustre' (de *phainein*, 'brillar'). Famoso por la trágica heroína griega mitológica, hija de Minos, hermana de Ariadna y esposa de Teseo.

Felicidad *On. 7-3*
Nombre latino mitológico: *Felicitas* es la diosa portadora del cuerno de la abundancia, adoptado por el cristianismo en múltiples derivados. Variantes: Felícitas, Felisa, Felicísima, Feliciana; *cat*. Felicitat.

María Felicidad García, *la Malibrán*, mezzosoprano y soprano española, se la considera la mejor cantante de la historia (1808-1836), inspiró varios poemas a Alfred de Musset.

Felicidad Blanc, escritora española (1914-1990), esposa del poeta Leopoldo Panero.

Felipa *On. 20-9*
Procede del nombre griego *Philíppos,* compuesto por *philos,* 'amigo', e *hippos,* 'caballos'. Significa por tanto, literalmente, 'amigo de los caballos', una cualidad que en la edad antigua era apreciada en extremo, puesto que hacía alusión a la condición, y al linaje, noble de quien la mostraba. Variantes: *gall*. Filipa; *it*. Filippa (hip. Pippa); *eus*. Pilipe.

Felisa *On. 12-2*
Este nombre es una declaración de optimismo y un canto a la vida. Su origen es claro, del latín *felix*, 'feliz', y que originariamente tenía la significación de 'fértil, feraz'. De hecho, el antropónimo masculino Félix es de origen una palabra tan femenina como actriz o emperatriz, o más aún, pues su primer elemento, la raíz *fe-*, es para la lengua latina la partícula femenina por excelencia, procedente del indoeuropeo *dhe(i)-,* que significa 'mamar, amamantar', y que hallamos en fecundo, 'lo que puede engendrar', en fémina, 'hembra, la que engendra', en feto, 'lo engendrado' y en *filius,* 'hijo', o más propiamente, 'el amamantado'. Nuestros antepasados cristalizaron su imagen de la alegría en una mujer dando el pecho, y de ahí nacieron el nombre Felisa y el sustantivo felicidad. Variantes: Feli, Félix, Felicia, Felia, Felía; Isa (hip.); *cat*. Feliua.

Fermina   *On. 11-10*
Este nombre nos habla de firmeza, de resistencia y de seguridad.
Procede de *firmus*, adjetivo latino que ha dado 'firme' en castellano y
comparte familia léxica con el verbo *firmo*, 'fortalecer, rebustecer, consolidar' y con sustantivos como *firmitudo*, 'entereza, constancia' y *fir-
mamentum*, 'construcción sólida, cimiento, firmamento'.
Variantes: *fr. ing.* Firmine; *gall. it.* Firmina; *eus.* Premiñe.

Fernanda   *On. 30-5*
La forma castellana viene del latín *Ferdinandus*, pero tras este nombre,
puede estar tanto *Firthunands*, como *Fredenands*, ambas etimologías
germánicas. Para los dos casos, el segundo elemento es *nands*, 'osado,
atrevido'; pero el primer elemento puede ser o bien *firthu*, 'paz', que
dio el alemán *Friede*, y se interpretaría como 'audaz en la paz', es decir,
'el que se aventura a todo para lograr la paz'; o bien *frad*, 'inteligencia',
que daría 'inteligente y voluntarioso'. Tales atributos, la fina inteligencia,
el espíritu emprendedor y la clemencia tras la victoria, son los que precisamente se reconocen a su patrón, san Fernando, o más propiamente,
Fernando III el Santo (h. 1200-1252), el rey que fundó la Universidad de
Salamanca y dio a la Reconquista el empujón decisivo.
Variantes: Hernanda; *cat.* Ferranda; *it.* Ferdinanda, Ferranta; *fr. ing. al.*
Ferdinande; *eus.* Perdiñande.
Fernanda Bothelo, escritora portuguesa (1926).

Fidelia   *On. 24-4*
Ser digno de confianza es una virtud tan apreciada hoy como lo fue
en la antigüedad. Llamar a alguien Fidelia era reconocerle poseedora
del don más valioso para construir tanto el pacto social, como la alian-

za divina: Fidelia es la «mujer de buena fe», fiel para con Dios y fiable para con sus semejantes: en efecto, a partir del sustantivo *fides*, 'fe', se forma *fidabilis*, 'fiable', y, por contracción, *fidelis*, 'fiel'.
Variantes: *cat. gall.* Fidela.

Filadelfa   *On. 2-9*
Del griego *philádelphos*, 'que ama a su hermano'. En masculino, sobrenombre de Ptolomeo, rey egipcio, pero universalizado por la ciudad estadounidense de Filadelfia, capital del estado de Pennsylvania, fundada por William Penn para fomentar 'el amor fraternal'.
Variantes: *cat.* Filadelfa; *ing.* Philadelphia.

Filiberta   *On. 20-8*
Del germánico *fili-berht*, 'muy famoso' (*fili*, 'mucho', como el actual alemán *viel* y *berht*, 'famoso', cf. Berta).
Variantes: *fr.* Philiberet; *ing.* Fulberte; *eus.* Piliberte; *port.* Felisberta.

Filomena   *On. 14-11*
Del griego *philos-melos*, que significa 'amante del canto' (*philos*, 'amigo'; *melos*, 'música, canto, melodía'). La forma antigua Filomela pasó, por disimilación, a la más común hoy día Filomena.
Variantes: Mena (hip.); *al.* Philomene; *eus.* Pillomene.
Philomène Boudin, compañera sentimental del poeta francés Paul Verlaine.

Fiona   *S/on.*
Procede del gaélico *fionn*, 'blanca', 'pura', 'limpia'. De origen parecido es el nombre de la isla de Fionia, en Dinamarca (*fionn*, 'blanco'), usado también como nombre femenino y, a veces, asimilado a Fe.

Flavia   *On. 5-10*
Popular nombre romano, derivado del latín *flavus*, 'amarillo', 'de pelo rubio'. Dio nombre a dos célebres dinastías de emperadores. En la población gallega de Iria Flavia se encontró en la Edad Media el sepulcro del apóstol Santiago.
Variantes: Flavina, Flaviana; *cat.* Flàvia.
Flavia Acosta, cantante lírica puertorriqueña, voz mezzosoprano.

Flérida   *S/on.*
Nombre de fantasía, creado y usado durante el Renacimiento. Se llama así un personaje del libro de caballerías *Palmerín de Inglaterra*. Es probable que esté inspirado en el griego *phleo*, que significa 'desbordar': 'la abundante', 'la rica', 'la agraciada'.
Variantes: *cat.* Flèrida.

Flor   *On. 5-10*
Nombre femenino, derivación del latín *Florus*. La variante Flora alude a la diosa romana, esposa de Céfiro y diosa de las flores. Otra variante, Florida, es el nombre de un estado de Estados Unidos, a cuyas costas se llegó por primera vez el día de la Pascua Florida.
Variantes: Flora, Florencia, Florenciana, Florentina, Florinda.

Flora   *On. 24-11*
Nombre latino, procedente del mitológico *Flora*, esposa de Céfiro y diosa de las flores. Es un derivado de *flos*, de significado evidente: 'flor'.
Variantes: Flor; *al.* Floris; *eus.* Lore, Lorea.
Flora MacDonald, heroína jacobina (1722-1790). Flora Tristán, feminista y socialista revolucionaria francesa (1803-1844).

Florencia *On. 7-11*
Uno de los derivados de Flor, procedente del latín *florens*, 'floreciente, en flor'. Dio nombre a una célebre ciudad italiana y, por las flores de lis del escudo de ésta, a una moneda, el florín.
Variantes: Floriana, Florentina; *ast*. Flurencia; *cat*. Florència; *fr*. Florent; *gall*. Forencia, Frolencia (forma injertada de Froilana); *ing*. Florence; *it*. Fiorenza; *eus*. Polentze.
Florence Nightingale, enfermera británica, organizadora de los hospitales militares durante las guerras de Crimea (1820-1910). Florence Clerc, danzarina principal de la ópera de París (1820-1910). Florence Griffith-Joyner, atleta estadounidense (1959-1998).

Florentina *On. 20-6*
Gentilicio (latino, *Florentinus*, de Florente, *florens*, 'en flor, florido'). También, de Florencia, ciudad italiana.
Variantes: *ast*. Florina; *fr*. Florentine; *it*. Fiorentina; *eus*. Polendiñe.

Florinda *On. 1-5*
Adaptación del latín *flos*, 'flor', con la terminación teutona *lind*, 'dulce', 'suave'. A este significado bucólico se sumó la dulce sonoridad para hacer las delicias de los amantes renacentistas del ambiente pastoril. Puede haber concurrido con una derivación del germánico *fraujis*, 'señor'.
Variantes: Florina; *ing*. *al*. Florina.

Fortunata *On. 14-10*
Del latín *fortunatus*, 'afortunada', 'favorecida por la fortuna'. En nuestro país el nombre es indisociable del personaje de la novela galdosiana *Fortunata y Jacinta*, de ventura incierta.
Variantes: Fortunia, Ordoña; *fr*. *al*. Fortunate; *eus*. Portunate.

Francina   *On. 25-4*

Variante catalana de Francisca, usada especialmente en la Cataluña septentrional, tal vez a raíz del éxito de la zarzuela *Cançó d'amor i de guerra*, de Rafael Martínez Valls, protagonizada por una Francina.

Francisca   *On. 9-3*

Del italiano *Francesco*, 'francés', apodo dado por Bernardone de Asís a su hijo, Juan, por su afición a la lengua francesa. El *Poverello* lo convertiría en uno de los nombres más universales. Centrándonos tan sólo en España hallamos ya multitud de hipocorísticos: Frasquita (contracción de Francisquita), Paca y Paquita (oclusión de *Phacus*, y éste de *Phranciscus*, concurrente con el íbero *Pacciaecus*, que también dio Pacheca), Pancha, Curra (por Franciscurra), Quica (por Francisquica), Francis.

Variantes: *al.* Franziska; *ast.* Farruquina; *cat.* Francesca (hip. Cesca); *fr.* Françoise; *gall.* Francisca (hips. Farruca, Fuca); *ing.* Francis (hip. Fanny); *it.* Francesca (hip. Cecca); *eus.* Pantxeske.

Françoise Gilot, pintora y escritora francesa (1921), compañera sentimental de Picasso. Paquita Rico (Francisca Rico Martínez), actriz, cantante y bailarina española (1930). Françoise Sagan, escritora francesa, autora de *Buenos días, tristeza* (1935).

Freya   *S/on.*

Nombre de la diosa del amor en la mitología escandinava. Equivale a Venus.

Frida   *On. 18-7*

Femenino de Fred (hip. anglosajón de Federico) y aféresis de diversos nombres femeninos con el componente germánico *fridu*, 'paz', en especial de Winifred, 'amiga de la paz'.

Variante: Frieda.

Frida Kahlo, pintora mexicana de gran personalidad (1907-1954), esposa de Diego Rivera. **Frida Leider,** soprano alemana (1888-1975). **Fryda Schultz de Montovani,** escritora argentina de literatura infantil (1912-1978).

Friné *S/on.*

Del griego *phríne,* 'hembra del sapo', dado como sobrenombre a algunas cortesanas atenienses por su tez morena, muy valorada. Sin embargo, la Friné que hizo historia, amiga de Praxíteles (s. v a.C.), era deslumbrantemente blanca y rubia, y tal «desventaja» no le impidió salir absuelta del delito de impiedad tras exhibir ante los jueces su perfecta, cegadora, desnudez. Este nombre se emparienta con el sánscrito *babhrah,* 'pardo', y con el germánico *berin, brun,* 'pardo', que más tarde pasaría a ser el nombre del oso, cuando el original, *ursus,* fuera considerado tabú.

Froilana *On. 5-10*

Derivación de *frauji,* 'señor', y posiblemente *land,* 'tierra', 'país', o quizá el sufijo diminutivo *ila,* que daría el masculino Froila.
Variantes: Friolana, Froylana, Fruela.

Fuencisla *On. 25-9*

Nombre de la Virgen patrona de Segovia.

Fuensanta *On. 15-8*

Del latín *fons,* 'manatial, fuerte', y *sancta,* 'santa'. Se trata de una advocación mariana relativa a Nuestra Señora de la Fuensanta, patrona de Murcia desde la milagrosa curación obrada por una pequeña imagen de la Virgen hallada cerca de una fuente.
Variantes: Fonsanta; Fuen (hip.); *cat.* Fontsanta.

Fulgencia *On. 16-1*

Del latín *fulgens*, 'refulgente, brillante, resplandeciente'. Nombre famoso por un sabio, hermano de san Leandro y de san Isidoro. Variantes: *ast*. Xencia; *gall*. Fulxencia, Xencia; *eus*. Pulgentze.

Fulvia *S/on.*

Femenino de Fulvio, nombre de una *gens* romana. Procede de *fulvidus*, 'rojo amarillento', y se aplicaba a los astros brillantes del Olimpo. La patricia romana así llamada (†40 a.C.) llevó el color del fuego que pregona el nombre a su vida sentimental, casándose sucesivamente con Clodio, Curión y el ilustre Marco Antonio.

Gabina *On. 19-2*
Es éste un nombre con estilo. Su origen hay que buscarlo en el gentilicio de Gabio, pueblo del Lacio, entre Roma y Preneste, cuyos habitantes se distinguían por vestir de una manera peculiar, *Gabino ritu cinctus,* es decir, «ceñido según el rito gabino». Ha sido muy popular en Italia y todavía es en la actualidad uno de los nombres sardos más elegidos.
Variantes: Gabinia, Gavina; *eus.* Gabiñe.

Gabriela *On. 1-2*
Nombre hebreo; compuesto de *gabri,* posesivo de *gebar,* 'hombre', en asirio 'mi héroe', con el sentido de 'mi protector', y *El,* 'Dios'. Su significación varía entre 'mi fuerza o mi protección es Dios' y 'el héroe o el varón de Dios'. Ambos significados coinciden con los atributos del arcángel bíblico anunciador de la maternidad de María, en quien los judíos vieron el gran poder o la fortaleza propia del enviado de Dios.
Variantes: *ing. fr.* Gaby (hip.); *fr.* Gabrielle; *it.* Gabriele; *eus.* Gabirelle.
Gabrielle Bonheur Chasnel, llamada Coco Chanel, diseñadora de moda y empresaria francesa (1883-1971). Gabriela Sabatini, tenista argentina (1970). Gabriela Mistral (Lucila Godoy Alcayaga), escritora chilena, en 1945 obtuvo el Nobel de Literatura (1889-1957).

Gadea *On. como Águeda*
Variante antigua de Águeda, utilizada en Galicia y León. Famosa por la iglesia de Santa Gadea de Burgos, donde el Cid tomó grave juramento a Alfonso VI sobre su presunto fratricidio.

Gala *On. 3-5*
Nombre germánico, alusivo a la tribu gala, bárbaros establecidos en Francia, cuyo nombre se originaba en la voz bárbara *gal, gamald* ('canoso', 'viejo', y, por metonimia, 'gobernante'). En España la emperatriz romana Gala Placidia (394-450) pasó a la historia por su talento y su valor. Variantes: *cat.* Gal·la; *eus.* Gale.

Gala (Elena Dimitrievna Diakonova), musa del surrealismo (1894-1982) y esposa del pintor Salvador Dalí. **Galina Serguéievna Ulanova**, bailarina soviética (1910-1998).

Garbiñe *On. como Inmaculada*
Forma eusquera de Inmaculada.

Gardenia *S/on.*
Nombre de un arbusto originario de Asia oriental, llamado así en honor del naturalista escocés del siglo XVIII Alejandro Garden. Se da la coincidencia de que *garden* es la palabra inglesa para 'jardín', procedente del germánico *gardo,* que significa 'cercado'. Equivalentes por su alusión a la belleza y la fragancia son Rosa, Camelia, Magnolia, Begonia y Dalia.

Gaspara *On. 6-1*
El masculino es el nombre atribuido por la tradición cristiana a uno de los tres Reyes Magos de Oriente. De origen incierto, puede ser deformación del sirio *Gushnassaph*, pero está más aceptado su origen en el persa *Kansbar*, 'tesorero, administrador del tesoro'. Su patrón, el rey mago Gaspar, representó ante Jesús, según la tradición, a los hijos de Jafet, es decir, a las razas blancas, persas, indios y europeos. Así, tiene también el sentido de 'mensajero del mundo'.

Gaspara Stampa, poetisa italiana (1523-1554).

Gemma *On. 14-5*
Nombre italiano, cuya antigüedad como nombre de pila no está documentada (aunque ya se llamó así la esposa del poeta Dante), se ha extendido desde principios del siglo xx por Gemma Galgani (1878-1903), santa italiana llamada «la virgen de Lucca» por sus estigmas y por estar dotada de una extraordinaria sensibilidad en la percepción de lo espiritual. Como nombre común, el sentido de *gemma* era 'yema, botón, brote de una planta', que ha evolucionado hasta 'gema, piedra preciosa'.
Variantes: Gema; *gall.* Xema.
Gemma Nierga, periodista y locutora radiofónica española (1964).

Genara *On. 20-10*
La grafía etimológicamente más correcta es en realidad Jenara, pues deriva del mes de enero, en latín *Januarius*, con el cual el año abría su puerta o *janua*. Era aplicado a los niños nacidos en este mes.
Variantes: *gall.* Xenara; *al.* Januaria; *it.* Gennara; *eus.* Kenare.

Genevea *On. 20-7*
De la forma masculina de Genoveva, refeminizada a su vez.
Gene Stratton, novelista estadounidense (1868-1924). Gene Eliza Tierney, actriz de cine estadounidense (1920-1991).

Genoveva *On. 3-1*
Nombre de gran aceptación en la época medieval. Procede de las voces germánicas *gen*, 'origen', y *wifa*, 'mujer', con el sentido de 'nacido de mujer'. Posteriormente fue injertado con el significado de la voz galesa *gwenhuifar*, 'ola blanca' o 'blanca como la espuma del mar', lo que lo hace equivalente a Ginebra. La santa de este nombre es patrona de París.

Variantes: Beva (hip.); *eus.* Kenubep; *fr.* Geneviève; *gall.* Xevoveva; *ing.* Guenevere (hip. Jennifer); *it.* Genoveffa.

Genoveva de Brabante, heroína legendaria medieval, condenada injustamente por infidelidad conyugal y exiliada seis años antes de ver resplandecer su inocencia.

Georgina *On. 23-4*
Procede del griego *Geórgios,* compuesto de *ge,* 'tierra', y *érgon,* 'trabajo', que se interpreta 'el que trabaja la tierra', 'el agricultor'. Pero el nombre encierra mucho más por las connotaciones que aporta su patrón, san Jorge, en quien se reflejan los tres órdenes de la sociedad trifuncional medieval: el trabajador, el guerrero y el religioso. Parece que su culto es originario de la Iglesia Oriental, donde se celebraba desde principios del siglo IV en honor a un príncipe de la Capadocia admirado por su combate contra un dragón para liberar a una doncella. Esta leyenda, muy atractiva al espíritu caballeresco, se extendería por países de toda Europa, como Inglaterra, Cataluña, Portugal y Sicilia, a través de los cruzados.
Variantes: Georgia; *al.* Georga, Jörge; *cat.* Jordina; *fr.* Georgine; *gall.* Xurxa, Xorxina; *ing.* Georgine; *it.* Giorgia; *eus.* Gorke.

George Sand (Armandine-Aurore-Lucie Dupin), novelista francesa (1804-1876). **George Eliot** (Mary Ann Evans), escritora británica (1819-1880).

Gerarda *On. 7-10*
Nombre típicamente germánico, alusivo al valor guerrero de quien lo lleva. Su origen es *Gairehard,* compuesto de *ger,* 'lanza', y de *hard,* 'atrevido'; se interpreta como 'audaz con la lanza'. También es posible otra etimología, que propone para el primer elemento la palabra *ward,* 'guardián', y daría 'guardián osado o valiente'. Aunque suelen confundirse, Gerarda y Geralda son nombres etimológicamente distintos.

Variantes: Gerearda, Gerolda, Geralda, Giralda, Girarda; *al.* Geralda; *cat.* Gerarda, Gueraua; *fr.* Géralde, Gérarde; *gall.* Xeralda; *ing.* Geralde, Gerarde (hips. Garry, Jerry); *it.* Gherarda (hip. Gadda); *eus.* Kerarte.
Geraldine Chaplin, actriz de cine estadounidense, hija del actor Charles Chaplin, *Charlot* (1944). Geraldine Farrar, cantante de ópera estadounidense (1882-1867).

Germana *On. 19-1*
Guerra y paz parecen ir de la mano en este nombre de origen incierto. Es la forma apocopada del latín *germanus*, que es como llamaban en Roma a las tribus bárbaras que habitaban Germania, más allá de las lindes del Imperio. Puede ser adaptación de *wehr-mann*, 'hombre o pueblo que se defiende', de *heer-mann*, 'guerrero' o de *gair-mann*, 'hombre de la lanza', con una notable connotación bélica; pero también se ha defendido el significado 'hombre o pueblo vecino', consolidado por la asimilación a la voz 'hermano', que refuerza la alusión a la concordia y la paz.
Variantes: *fr.* Germaine; *gall.* Xermana; *eus.* Kermañe.
Germaine Dulac, directora de cine francesa (1882-1942). Germaine Crussard, *Claude,* pianista y directora de orquesta francesa (1893-1947). Germaine-Necker, madame de Staël, escritora francesa (1766-1817).

Gertrudis *On. 16-11*
Del germánico *gair-trud*: *gair*, 'lanza', *trud*, 'caro, querido'.
Variantes: Gertruda, Gertrude; Tula (hip.); *al.* Gertrud; *ast.* Getrudes; *cat.* Gertrudis (hip. Tuies); *gall.* Xertrude; *fr. ing.* Gertrude (hips. Gatty, Gertie); *it.* Gertruda; *eus.* Gerturde.
Gertrudis Gómez de Avellaneda, escritora cubano-española (1814-1873). Gertrude Stein, novelista y poetisa estadounidense (1874-1946). Margaretha Geertruida Zelle, conocida como Mata-Hari, bailarina y espía holandesa (1876-1917).

Gilberta *On. 11-8*
Del germánico *gisil-berht*, significa 'famoso con la flecha, buen arquero'
(v. Berta). Es un nombre tradicionalmente popular en Francia, en especial a principios de siglo XX por Gilberte, personaje de *À la recherche du
temps perdu,* de Marcel Proust, aunque algo en desuso últimamente.
Variantes: Gisberta, Gisilberta, Giberta, Quildeberta; *al.* Giselberta; *fr.*
Gilberte; *gall.* Xilberta; *ing.* Gilberet.

Gilda *On. 29-1*
Hipocorístico italiano de Hermenegilda; pero también nombre con entidad propia, del germánico *gild*, 'tributo' (cf. con el inglés *gold*, 'oro', o
el alemán *geld*), más conocido como Gildas o Guedas. En un célebre filme de los años cuarenta, llevó este nombre un personaje interpretado
por Rita Hayworth, que lo impregnó de tal carga de sensualidad, que la
expresión «ser una Gilda» pasó a formar parte del español coloquial.

Gina *On. como Luisa*
Nombre italiano, aféresis de *Luigina*, diminutivo de Luisa, o derivado
de otros nombres con la misma terminación.
Gina Lollobrigida, actriz de cine, mito erótico y fotógrafa italiana (1927).

Ginebra *On. 3-1*
Sabe a leyenda este nombre, inseparable de la evocación de la reina
Ginebra, esposa del rey Artús de Camelot y amante de Lanzarote del
Lago, primero entre los pares de la Tabla Redonda. Procede del gaéli-
co *gwenhuifar*, 'ola blanca', o 'blanca como la espuma del mar', y sue-
le tomarse como equivalente del más usual Genoveva.
Variantes: *cat.* Ginebra; *gall.* Xenebra, Guenebra; *it.* Ginevra.

Ginesa   *On. 25-8*
Del latín *Genesius*, y éste del griego *genesis*, 'origen, nacimiento' y *Genesios*, 'protector de la familia'. Aunque se ha señalado el parentesco con el latín *Genista*, 'retama', y también 'enhiesto, derecho' (visible en los nombres de la forma catalana *Genís* y de la planta, *ginesta*). Variantes: Geni (hip.); Genesia; *cat.* Genisa; *fr.* Genèse; *gall.* Xenxa, Xinesa; *eus.* Giñes.

Gisela   *On. 21-5*
Entra en este nombre, como componente principal y quizás único, la raíz germánica *gisil*, 'flecha', posiblemente acompañada del sufijo -*hard*, 'fuerte'. Corriente en Francia desde que una hermana santa de Carlomagno, llamada en realidad Isberga, lo adoptó como segundo nombre, por lo que hoy son considerados como equivalentes. Variantes: *gall.* Gisèle; *ing. it.* Gisella.

Gisela, hija de Pipino el Breve y hermana de Carlomagno (ss. VIII-IX). **Gisèle Parry**, actriz francesa. **Gisèle Freund**, fotógrafa francesa de origen alemán (1912-1995).

Gizane   *On. como Encarnación*
Forma eusquera de Encarnación.

Gladis   *On. 29-3*
Del galés *Gwladys*, 'gobernadora de un gran territorio'. Generalmente es asociado con Claudia y considerado como su equivalente. Variantes: Gladys; *cat.* Gladis; *fr. ing. al.* Gladys.

Gladys Cromwell, poetisa estadounidense (1885-1919). **Gladys Mary Smith**, llamada «la novia de América», de nombre artístico Mary Pickford, actriz de cine mudo estadounidense (1893-1979).

Glenda *S/on.*
Nombre irlandés, forma femenina de *Glen, Glenn,* tomado del gaélico *gleann,* que significa 'valle estrecho y boscoso'.
Variantes: *al.* Glende; *fr.* Glenn; *ing.* Glenna.
Glenda Jackson, actriz de cine y teatro británica (1936).

Gloria *On. 25-3*
Del latín *gloria,* 'fama, reputación'. Es fundamentalmente nombre cristiano alusivo a la Pascua de Resurrección o Domingo de Gloria. Con el sufijo germánico *-lind* (v. Linda) se forma el derivado Glorinda.
Variantes: *cat.* Glòria; *gall.* Gloria; *eus.* Aintzane.
Gloria Swanson, actriz y productora de cine estadounidense (1898-1983). Gloria Estefan (Gloria María Fajardo), cantante cubana (1957). Gloria Vanderbilt, empresaria estadounidense (1924). Gloria Fuertes, poetisa y escritora de cuentos española (1918-1998).

Godeliva *On. 6-7*
Nombre germánico, *Godeleuba,* de *godo,* 'Dios', y *liub,* 'querido', significa 'querida por Dios'.
Variantes: Godelina, Godelieva, Godoleva.

Godiva *On. como Godeliva*
Del teutón *God-gifu,* 'regalo de Dios'; o quizá, simplificación de Godeliva. Popular por la leyenda recogida por el cronista Roger de Wendower, acerca de Lady Godiva, esposa de Leofric, conde de Mercia, la cual, para obtener de su marido un mejor trato para sus súbditos cabalgó desnuda por el pueblo sin ser vista por sus habitantes, que voluntariamente se recluyeron en sus casas, salvo el mirón Peeping Tom (1040-1080).
Variantes: *fr.* Godive; *ing. al. it.* Godiva.

Gonzala *On.* 6-6
Nombre de incuestionable estirpe germánica, pues en él se aglutinan dos de las alusiones más caras a esta tradición onomástica: el valor guerrero y los elfos, misteriosos espíritus de la naturaleza, que según la mitología nórdica, habitan los bosques brumosos. Su forma antigua, Gonzalva, es contracción de Gundisalva, del germánico *Gundisalv,* de *gundis,* 'lucha', y el gótico *alfs,* 'elfo'. Puede traducirse como 'el duende o el genio de la batalla'. Otra etimología posible lo hace compuesto de *gundis,* 'lucha'; *all,* 'todo', y *vus,* 'preparado', y daría 'guerrero totalmente dispuesto para la lucha'. Ambos significados fueron muy gratos a los pueblos godos, que sintieron predilección por el nombre, como demuestra la abundancia de su patronímico, González. Esta llamada al valor inscrita en el nombre fue obedecida, entre otros, por Gonzalo Fernández de Córdoba (1453-1515), llamado *el Gran Capitán,* auténtico genio militar que puso los cimientos del ejército moderno.
Variantes: *cat.* Gonçala; *fr.* Gonsalve; *it.* Consalva; *eus.* Gontzalle.

Gozos *S/on.*
Nombre místico, advocación de la Virgen María, Nuestra Señora de los Gozos. Procede del latín *gaudiu,* 'alegría interior', y es equivalente de nombres como Leticia y Gaudencia.

Gracia *On.* 25-3
Nombre rebosante de resonancias positivas. Su origen es mitológico, en honor de las tres hermanas Gracias o *Járites* en griego: Aglaya, Eufrosina y Talía, hijas de Zeus y de Afrodita. Su origen es antiquísimo, presente ya en el sánscrito *gurta,* 'bienvenido', 'agradable', que pasó al latín *gradus,* de *gradior,* que significa 'avanzar suavemente, paso a paso', y más

tarde se convirtió en *gratus,* con el significado que tiene hoy día el término 'grato' en español. Pero en el mundo clásico el concepto 'gracia' fue ampliando su contenido hasta abarcar todo lo que las tres Gracias representaban por separado, es decir, la belleza de Aglae, la sabiduría de Eufrosina, la alegría de Talía, y mucho más: 'agradecimiento', 'encanto', 'garbo', 'donaire'. Al fin, como nombre de pila cristiano, se sumó a todo ello el voto para que quienes lo llevan gocen de la gracia divina.

Variantes: Graciliana (gentilicio); Graciana, Grata, Altagracia, Engracia, Graciosa; *cat.* Gràcia; *gall.* Gracia, Gartze; *ing.* Grace; *eus.* Atsegiñe.

Grace Patrice Kelly, actriz cinematográfica estadounidense y princesa de Mónaco (1928-1982). **Grace Moore,** soprano estadounidense (1901-1947). **Grazia Deledda,** novelista italiana , en 1926 obtuvo el Nobel de Literatura 1871-1936).

Graciela *On. 23-7*

Diminutivo de Gracia, inspirado en la forma italiana *Graziella*, que eclipsó en popularidad al original tras el éxito de la novela homónima de Lamartine, publicada en 1849.

Variantes: *cat.* Graciel·la; *gall.* Graciela; *it.* Graziella.

Gregoria *On. 3-9*

Del verbo griego gregoréo, 'vigilar, estar en vela', derivado a su vez de egeíro, 'despertar, levantarse, velar', procede el adjetivo gregórios, 'atento, vigilante', considerado un atributo tan elogioso que acabó convirtiéndose en nombre propio, especialmente apreciado por la Iglesia, que encontró razones para canonizar a un gran número de sus portadores, empezando por san Gregorio I el Magno, teólogo de prestigio, que hizo honor a su nombre al estar atento y vigilante para sortear los peligros del cisma que en el siglo VI asediaban a la Iglesia.

Variantes: *ast.* Grigoria; *cat.* Gregòria (hip. Gòria); *fr.* Grégoire; *gall.* Gora, Gorecha (hips.); *ing.* Gregory; *eus.* Gergore.

Greta *On. como Margarita*

Forma hipocorística de Margarita, muy popular en los países nórdicos. También puede ser aféresis de Alegreta, diminutivo de Alegra.

Variantes: *al.* Grete (hip. Gretchen); *sueco,* Greta.

Greta Garbo (Greta Loyisa Gustaffson), *la Divina,* actriz de cine sueca (1905-1990).

Griselda *On. 21-10*

Nombre germánico, de origen dudoso: *gris* es apelativo aplicado a los 'hombres de cabellos grises', o sea, 'hombres de edad'. *Ald*, reforzador de la misma palabra, significa 'viejo', 'ilustre gobernante'. En la Edad Media se extendió por un personaje del *Decamerón*, de Giovanni Boccaccio.

Griselda Gambaro, escritora argentina (1928).

Guadalupe *On. 12-12*

Nuestra Señora de Guadalupe es un santuario extremeño que debe su nombre al río que pasaba cerca de él. Para el nombre de este río se han propuesto muy distintas etimologías, de entre todas, la más plausible, y de significado más bello, es la que lo hace derivar del árabe *Uab-al-hub,* 'río de amor'. Pero hay otras tres: el árabe *Uadi-al-lub*, que significa 'río de cantos negros', por cruzar el río por una región carbonífera, *Uadi-lu-pi*, 'río de lobos', en alsuión a los lobos que abrevaban en él, o incluso la náhuatl *Coatlaxopeuh*, que significa 'la que pisoteó la serpiente'. Por asimilación del indio *quautlalapan* con el español Guadalupe, el nombre pasó de este santuario extremeño a México, país donde está más extendido y que tiene como patrona a la Virgen de Guadalupe.

Formas hipocorísticas: Lupe, Lupita, Pita.

Guadalupe Victoria Ramon, conocida como *la Lupe*, cantante cubana, considerada la reina del *latin sound* (1936-1992). **Guadalupe Amor**, poetisa mexicana (1920).

Gudelia   *On. 29-9*

Nombre de origen germánico, derivado de *gund*, 'combate', y del sufijo diminutivo *-ila*, significa, por tanto, 'pequeña batalla'. A veces se considera variante de Gúdula y de Gudulia.

Gudrun   *S/on.*

Nombre germánico, procede de *gund*, 'combate', y *runa*, 'secreto' (de ahí las runas, letras del antiguo alfabeto germánico), y su significado se interpreta como 'la hechicera de la batalla'. Otros especialistas lo interpretan como 'sabiduría de Dios'. Se popularizó por la heroína de un poema alemán del siglo XIII.

Variantes: Gudruna; Guri, Druni (hips.).

Guendolina   *On. 14-10*

De origen galés, más que un nombre, se trata de una constelación de ellos: Guendalina, Gundelina, Gundelinda, Güendolina, Guvendolina, a la que corresponde una constelación de interpretaciones: 'la de blancas pestañas', 'cumbre blanca', 'la del círculo blanco' o 'mujer dulce', entre otras. Lo que parece claro es que la blancura inmaculada no se separa de sus portadoras. En los países anglosajones, en la forma *Gwendolyne* se considera el nombre equivalente a Genoveva.

Variantes: *cat. gall.* Guendalina; *ing.* Gwendolyne.

Ellen Gwendolen Rees, conocida por su seudónimo Jean Rhys, figura señera de la literatura caribeña (1894-1979). **Gwyneth Paltrow**, actriz de cine estadounidense (1973).

Guida   *On. 12-9*
Del germánico *widu*, que significa 'amplio, extenso' (origen del inglés *wide*). O tal vez proceda de *witu*, 'madera', 'bosque', que daría *wood*. Variantes: Guidona; *al.* Wida; *cat.* Guida, Guiua.

Guillerma   *On. 10-1*
Nombre germánico, *Wilhelm,* de etimología clara, por la unión de *vil-ja,* 'decisión, voluntad' (que dio el alemán *Wille* y el inglés *will*) y *helm,* 'yelmo', y metafóricamente 'protección'. Puede interpretarse como 'protector decidido', o como 'aquel a quien su voluntad sirve de protección'. En cualquier caso, con este nombre se hace referencia a la fuerza de voluntad y a la facultad protectora de su portadora.
Variantes: Guillermina; Vilma, Mina (hips.); *cat.* Guillema, Guillermina; *fr.* Guillaume; *gall.* Guillelma; *eus.* Gillene.
Guillermina, reina de los Países Bajos (1880-1962). Marie Wilhelmine Benoist, retratista francesa (1768-1826). Guillermina Motta, cantautora en lengua catalana (1942).

Guiomar   *S/on.*
Nombre germánico, tiene su origen en el arcaico *Wigmar,* de *wig,* 'batalla', y *mar,* 'ilustre', significa 'ilustre en el combate'. Fue el poético vocativo elegido por Antonio Machado para varios de sus poemas.

Gunilla   *S/on.*
Del antiguo alemán; significa 'dondella guerrera'.
Variantes: Gunnel; Gun (hip.).
Gunilla von Bismarck, condesa alemana, personaje habitual de la prensa rosa (1949).

Halona *S/on.*
Nombre de mujer comanche; significa 'la agraciada por el destino'.

Hamida *S/on.*
Nombre árabe; significa 'digna de alabanza'.
Variantes: Hameda, Jamida, Jameda.

Haydée *S/on.*
Del griego moderno *Xaïde*, y éste, del verbo *xaïdéyo*, 'acariciar': 'la acariciada'. Podría estar relacionado con *aidos*, 'venerable, respetable'. Valorado por esa acertada combinación de caricia que rebosa el nombre por sonido y por sentido, fue muy usado literariamente, entre otros, por lord Byron y Alejandro Dumas padre.
Variantes: Aidé, Aidée, Haidée, Haydé; *ing.* Haidee.

Hayfa *S/on.*
Nombre árabe; significa 'esbelta'.

Hebe *S/on.*
Con este nombre se dotaba a sus portadoras de un áurea de eterna juventud. En la mitología griega, Hebe es hija de Zeus y de Hera, personificación de la juventud (por el griego *hebe*, 'joven'), y la encargada de servir a los dioses el néctar y la ambrosía, líquidos de prodigioso poder nutritivo, pues los libera de la senectud y de la muerte.

Heidi *S/on.*
Aféresis germana de Adelaida (*Adelheid*, 'de noble linaje', por *athal*, 'noble', y *heidus*, 'clase'); o según otros especialistas, hipocorístico de varios nombres con la raíz *hilds*, 'guerrera'. Se llamó así un personaje literario infantil creado por la escritora suiza Johanna Spyri, que fue objeto de adaptación a una serie de dibujos animados de éxito mundial.

Heladia *On. 28-5*
Del griego *helladios*, significa 'de la Hélade, griego'.
Variante: Eladia.

Helena *On. 18-8*
Popularmente se asignó al nombre la interpretación *eliandros*, 'destructora de hombres', facilitándose así la pérdida de la *h* inicial. Es famoso por el personaje literario Helena, la mujer más bella de la antigua Grecia, origen de la guerra de Troya según *La Ilíada* de Homero. Procede de *Heléne*, 'antorcha', lo que la hace sinónimo de Berta, Fulgencia, Roxana y otros.
Variantes: Elena; *al.* Lena, Lene, Lenchen (hips.); *fr.* Hélène; *ing.* Helen, Ellen; *it.* Èlena; *eus.* Elene; *irl.* Aileen; *rumano,* Ileana; *húng.* Ilona.
Helena Petrovna Blavatski, princesa rusa, figura principal de la teosofía (1831-1891). Helena Rubinstein, esteticista y empresaria estadounidense de origen polaco (1870-1965). Helen Keller, escritora y políglota estadounidense, ciega y sordomuda desde los diecinueve meses, fue ejemplo mundial de autosuperación (1880-1968).

Helga *On. 11-7*
Forma sueca de Olga, de mucha predicación en Rusia, donde santa Helga, desde el siglo x, es la decana de las santas. También es relacio-

nado con el antiguo adjetivo sueco helagher, que significa 'feliz', 'próspero', que derivó a 'invulnerable', y posteriormente a 'santo'.

Herenia *On. 25-2*
Del latín *hernus*, 'relativo al *Heres*', nombre de una divinidad griega. Por concurrencia fonética es identificado a veces con Irene.
Variantes: Erenia, Herena, Erena; *cat.* Herena, Herènia.

Heriberta *On. 16-3*
Del germánico *hari-berht*, 'ejército famoso'.
Variantes: Heberta; *fr. ing. al.* Herberte; *it.* Erberta; *eus.* Eriberte.

Hermenegilda *On. 13-2*
Del germánico *ermin-hild*, 'guerrero ermión'. Otros interpretan *airmanagild*, 'valor del ganado'. En nuestro país fue popular gracias a san Hermenegildo (†585), rey visigodo arriano, convertido al cristianismo y rebelado contra su padre, Leovigildo, quien lo ejecutó por ello.
Variantes: Armengola, Ermengola, Ermengolda, Ermengarda, Melenda, Menenda, Menda, Armagila, Ermengandia, Menguala.

Herta *On. 13-2*
Nombre germánico; significa 'tierra'.
Variantes: Hertha, Ertti.

Hilaria *On. 12-8*
Del latín *hilaris*, que significa 'alegre', y también, 'agradable'. Tan feliz significado es acreedor de múltiples significantes, entre otros: Alegre, Caralampia, Caya, Eufrasia, Gaudelia, Letancia, Pancaria y Quilina.

Variantes: Hilarina, Hilariona; *al.* Hilar; *cat.* Hilària; *fr.* Hilaire; *ing.* Hillary; *it.* Ilaria; *eus.* Illare.

Hillary Rodham, abogada estadounidense, esposa del presidente Bill Clinton (1947).

Hilda *On. 17-11*

Nombre de la principal de las valquirias germánicas, *Hildr* (de *hilds*, 'combate', 'guerrero'), incorporado al santoral cristiano por santa Hilda, abadesa de Whitby, Inglaterra, en el siglo VII. La misma raíz figura en innumerables patronímicos. Hilda es una diosa de la mitología germánica, identificada con las diosas Venus y Juno. Se usa también como hipocorístico de nombres con esta raíz: Hildegarda, Matilde.

Variante: Ilda

Hilda Doolittle, escritora imaginista estadounidense (1886-1961).

Hildegarda *On. 17-9*

Nombre germánico: *hild-gard*, 'guerrero vigilante'. Otros intérpretes prefieren *hild-gart*, 'jardín de sabiduría'. Tuvo este nombre su éxito asegurado en la Edad Media por haberlo llevado santa Hildegarda (†783), hija de Childebrando, rey de los suevos, y esposa de Carlomagno .

Variantes: *fr.* Hildegarde; *ing. al.* Hildegard; *it.* Ildegarda.

Hipólita *On. 13-8*

Nombre mitológico. Del griego *hippós-lytós*, 'el que desata los caballos', o sea, 'corredor a rienda suelta', 'guerrero'. Hipólita se llamó precisamente la mitológica reina de las amazonas, poseedora de un famoso cinturón, que le arrebató Hércules.

Variantes: *al.* Hippolyta; *cat.* Hipòlita; *gall.* Hipólita; *fr. ing.* Hippolyte; *it.* Ippòlita; *eus.* Ipolite.

Honorata *On. 11-1*
Del latín *honoratus*, 'honrado', aunque más bien en el sentido de 'honorada', o sea, que ha recibido honores, que ha ejercido algún cargo público.
Variantes: *al.* Honorata; *cat.* Honorata; *fr.* Honorée; *gall.* Honorata; *it.*
Onorata; *eus.* Onorate.

Honoria *On. 24-4*
Nombre latino, gentilicio de *honorus*, 'honorífico, honorable'. Tiene un indudable aroma clásico, a honrosa princesa romana, que parece ser que es lo que fue Iusta Grata (427-452), llamada Honoria.
Variantes: Honorina, Honorata; Nori (hip.); *ing.* Honore; *it.* Onòria.

Horacia *On. 10-7*
De origen incierto, posiblemente etrusco, aunque la etimología popular ve una alusión a Hora, la diosa de la juventud. También puede proceder del latín *Horatius*, nombre portado por una familia romana, famosa por pertenecer a ella el poeta Quinto Horacio Flaco.
Variantes: *al.* Horatia; *cat.* Horàcia; *fr.* Horace; *gall.* Horacia; *ing.*
Horace, Horatia; *it.* Orazia.

Hortensia *On. 11-1*
Nombre derivado del gentilicio latino *hortensius*, 'relativo al jardín' (*hors*). Tuvo fama en la antigüedad una Hortensia, jurisconsulta romana en el siglo I a.C.; hoy se usa más como alusión a la flor exótica, bautizada así en honor de Hortense Lepaute en el siglo XVII.
Variantes: *cat.* Hortènsia; *fr.* Hortense.
Hortense de Beauharnais, reina consorte de los Países Bajos, madre del emperador francés Napoleón III. **Hortense Schneider**, diva francesa (1833-1920).

Humberta *On. 25-3*
Del germánico *Hunpreht,* o *Huniberht,* compuesto por *hun,* 'cachorro', aplicado especialmente a los de oso, y *-berht,* 'brillo, esplendor',
y por extensión, 'famoso', palabra integrante de numerosos antropónimos de origen gótico. Con tal nombre se deseaba atraer sobre su portadora las cualidades sagradas del oso, admirado como ejemplo de
fortaleza ejercida con prudencia. Por esas dotes se reconoce a su patrón, san Humberto de Romans (1200-1277), dominico célebre por su
importante labor reformadora. El antropónimo ha sido popular sobre
todo en Italia, donde ha tenido la predilección de la casa real. Aunque
se confunde con Huberta, se trata de nombres distintos: *hugh-berht,*
'de pensamiento famoso'.
Variantes: *fr.* Huberte; *ing. al.* Humberat; *it.* Umberta; *eus.* Uberte.

Humildad *On. 22-5*
De origen germánico, a través del latín *humilitas,* que significa 'baje-
za, poca altura, modestia', por *humus,* es decir 'pegado al suelo', en
referencia a la virtud cristiana del ser humilde ante el Señor. Santa
Humildad, de verdadero nombre Rosana, fue la fundadora de la orden
de las monjas de Valleumbrosa, en Florencia, en el siglo XII.
Variante: Humiliada; *cat.* Humiltat; *it.* Umiltà.

I

Iana *On. como Juana*
Forma gaélica de Juan. De su creciente popularidad en Inglaterra es reflejo la que tiene en España, donde se asimila a la forma Jana.
Variante: Ioana.

Iciar *S/on.*
Adaptación al castellano del nombre vasco *Itziar*, posible topónimo (*iz-i-ar*, 'altura encarada al mar').
Variantes: *cat. eus.* Itziar, Icías.
Icíar Bollaín, actriz y directora cinematográfica española (1967).

Ida *On. 13-4*
De origen germánico, hipocorístico de nombres cuyo primer elemento es *Idis-,* alusivo al 'esfuerzo' y al 'trabajo', y sobrenombre de las valquirias nórdicas. En Europa se extendió por la fama de santa Ida, condesa de Bolonia en el siglo XI, que ayudó con sus oraciones a los triunfos guerreros de su hijo, el ilustre cruzado Godofredo de Bouillon.
Ida Lupino, actriz cinematrográfica británica, de origen italiano (1918-1991).

Idalia *S/on.*
Nombre de origen griego, que significa 'yo vi el Sol'. *Idalium* es como se denominaba el promontorio de la isla de Chipre donde se levantó un templo a Afrodita, protectora de la mujer, por lo que el nombre de Idalia supone asismismo una advocación a esta diosa.

Idoya *S/on.*
Nombre vasco femenino (*Idoia*) sin equivalencia. Parece proceder de *idoi*, 'charco', 'pozo', aludiendo a una circunstancia topográfica del santuario de la Virgen de este nombre.

Ignacia *On. 21-7*
Reliquia de la onomástica hispánica, pues se trata del femenino de una latinización del íbero o celtíbero *Ennecus,* que derivaría en *Egnatius* y luego *Ignatius.* Su significado original, quizá un topónimo vasco interpretado como 'lugar encrespado', se ha perdido, pero la forma latina fue asimilada al fuego y a lo ardiente por su coincidencia con la palabra *ignis.* Otra etimología lo derivó del griego *ignátios*, 'nacido', o sea, 'hijo', a semejanza del latín arcaico *gnatus,* que daría *natus.*
Variantes: *ast.* Inacia; *cat.* Ignàsia; *gall.* Iñazia; *it.* Ignazia.
María Ignacia Ibáñez, actriz española, tuvo un apasionado idilio con Cadalso (1745-1771).

Ikerne *On. como Visitación*
Forma eusquera de Visitación.

Ildefonsa *On. 23-1*
Nombre germánico, de formación análoga a Alfonsa (el primer componente es aquí *hilds*, variante de *hathus*), del que se considera equivalente. A veces es confundido con Adalfonsa.
Variante: Hildefonsa.

Ileana *On. como Elena*
Forma rumana de Elena.
Ileana Cotrubas, soprano rumana (1939).

Ilona   *On. como Elena*
Forma holandesa y húngara de Elena.
Variantes: Ilka, Ilonka, Iluska.

Imelda   *On. 17-9*
Del germánico *Irmbild*, a su vez de *airmans* (v. Erminia), y *bild*, 'gue-rrero'. Es en realidad la forma italiana de Ermenilda.
Imelda Romualdez, política filipina, esposa del dictador Ferdinand Marcos (1929).

Imperio   *S/on.*
Del latín *imperium*, 'mando, imperio', aplicado inicialmente al *imperator* o comandante del ejército.
Imperio Argentina (Magdalena Nile del Río), actriz española (1906).

Inaya   *S/on.*
Nombre árabe; significa 'solícita', 'comprensiva'.

Indira   *S/on.*
Nombre indio. Se trata de uno de los nombres de la diosa Lakshmi, esposa de Narayan.
Shrimati Indira Gandhi, estadista india (1917-1984).

Inés   *On. 21-1*
A este nombre va ligada incuestionablemente la idea de la pureza. Y no sólo por su origen etimológico, que en efecto es la palabra griega *agné*, que significa 'pura', 'sin mácula', sino también por la concurrencia fonética de esta forma con la latina *agnus*, 'cordero', que casualmente era en el cristianismo símbolo de pureza e inocencia, por el cordero de Dios

que con su sacrificio quitaba el pecado del mundo. A esto vino a sumarse el recuerdo de su patrona, santa Inés, cuyo martirio, con tan sólo doce años, conmocionó a la cristiandad naciente; y mucho más tarde, el del personaje femenino más popular de la escena española, la doña Inés de don Juan Tenorio, otro ejemplo de pureza de cuerpo y alma. Variantes: *eus.* Añes; *cat. fr.* Agnès; *gall.* Einés; *ing. al.* Agnes; *it.* Agnese.

Inés de Castro, dama castellana (h. 1320-1355), amante y después esposa de Pedro I de Portugal. Agnes Heller, filósofa y socióloga húngara (1929). Inés de la Fressange, modelo francesa (1957). Inés Sastre, actriz y modelo española (1973).

Ingemara *S/on.*
Nombre germánico, frecuente en los países escandinavos, en especial en Suecia, de la raíz *ing-*, presente en bastantes nombres y que designa un pueblo, los ingviones, y a Ing, dios nórdico de la fertilidad, y de *maru*, 'insigne'. Puede interpretarse como 'hija célebre' o 'la hija del héroe'. Variantes: Ingemar; Inga, Inge (hips.); *fr.* Ingmare; *al.* Ingomara.

Inge Borkh, soprano alemana (1917).

Íngrid *On. 1-7*
La tribu germánica de los ingviones daría lugar a una serie de nombres, todos muy corrientes en Escandinavia, de los cuales el más popular internacionalmente es Íngrid.

Ingrid Bergman, actriz sueca (1915-1982). Ingrid Kristiansen, atleta noruega (1958).

Inmaculada *On. 8-12*
Proclama este nombre la pureza sin mácula de quien lo lleva. Directamente del latín *in-macula*, que significa 'sin mácula', 'sin mancha', en referencia a la concepción sin pecado de la Virgen, es decir, sin

heredar el pecado original, declarada dogma de fe por Pío IX en 1804. Con el dogma místico se hacía oficial la divinidad de María, ya antes prototipo de mujer, y desde entonces elevada a la dignidad de diosa madre.
Variantes: Inma (hip.); *eus.* Sorkunde.

Inocencia   *On. 22-9*
Del nombre latino *Innocentius*, y éste, de *innocens*, 'inocente', 'puro'.
Normalmente aplicado en recuerdo de los Santos Inocentes.
Variantes: *cat.* Nocencia; *eus.* Iñoskentze, Seine; *it.* Innocenza.

Iracema   *S/on.*
Este nombre, de resonancias exóticas, tiene un significado tan dulce como su sonoridad: 'salida de la miel'. Fue creado sobre una raíz tupí por José Martiniano de Alençar para su novela homónima, a imitación de otros nombres tupíes con la terminación *-éma,* como Coema, 'mañana', y Moema, 'exhausta'. Es anagrama de América.
Variante: Irasema.

Iraida   *On. 22-9*
Nombre griego. Significa 'protegida de Hera', la más poderosa de todas las diosas olímpicas, hija de Cronos y Rea y hermana y esposa de Zeus.
Variante: Irais.

Irene   *On. 5-5*
Tras este nombre alienta uno de los anhelos más nobles de humanidad. Originado en la voz griega *eiréne*, significa 'paz', pero en su sentido más positivo, heredado de la tradición clásica, que no alude tanto a la mera ausencia de conflictos bélicos, que puede tolerar una situación de opre-

sión, sino al estado de absoluta armonía conseguida mediante el ejercicio cabal de la justicia y la mutua comprensión. Santa Irene de Bizancio, mártir del siglo I llamada Dánae, trocó su nombre pagano por Irene al convertirse al cristianismo, y añadió al nombre, que gracias a su leyenda se extendió por toda la Iglesia oriental, el sentido de la *caritas* cristiana. Se trata además de un nombre muy apreciado por su preciosa sonoridad. Variantes: *fr.* Irène; *ruso,* Irina; *eus.* Ireñe.

Irène Joliot-Curie, científica francesa (1897-1956), premio Nobel de Física en 1935. **Irene Papas**, actriz trágica griega (1926). **Irina Rodnina**, campeona rusa de patinaje artístico (1949). **Irene Gutiérrez Caba**, actriz española (1929-1995). **Irène Jacob**, actriz cinematográfica francesa (1966).

Iris   *On. 4-9*

Mitológica mensajera de los dioses, personificada en el arco de su nombre. Entre los cristianos, se deriva de la Virgen del Arco Iris. Procede del griego *eiro*, 'anunciar', en clara referencia a la misión de la diosa.

Iris Murdoch (Jean O. Bayley), novelista británica (1919).

Irma   *On. 18-12*

Pese al aire de actualidad de este nombre, hunde sus raíces en la prehistoria de Europa. Como Erminia, Irmina o Hermenegilda, procede del dios germánico primitivo *Irm, Erm* o *Herm,* de donde el pueblo de los irminos, tronco común de suevos y vándalos. A la raíz germánica *irmin* o *ermins* se le dio el significado de 'fuerza'. Relacionado *Irm* con el culto animista, expresado en la veneración a los grandes árboles, su nombre se convirtió en un homenaje a las fuerzas sagradas de la naturaleza. Variante: Irmina.

Irma la Dulce, heroína de una opereta de Marguerite Monnot (1957).

Isabel *On. 4-7*

Si bien tiene su origen en un nombre babilónico, que significa 'el dios Bel o Baal es salud', fue más tarde adoptado por los judíos e identificado, por evolución fonética, con Elisabet, del hebreo *Elisheba,* 'Dios es mi juramento', del que es una parcial metátesis: *El-isab (et).* En cualquiera de las dos interpretaciones, parece que la promesa impresa en el nombre de un trato de favor por parte de la divinidad queda garantizada.

Variantes: Isabela, Jezabel, Sabelia, Isabelina; Isa, Bel, Bela, Sabel, Chavela, Beleta, Belita, Elida, Elide, Elina (hips.); *fr.* Isabelle, Isabeau; *gall.* Isabela (hip. Sabela); *ing.* Isabel, Isobel; *it.* Isabella.

Isabella Bird-Bishop, viajera británica, primera mujer de la Royal Geographic Society (1831-1904). Isabel Preysler, famosa española, de origen filipino. Isabel Pantoja, cantante folclórica española (1956). Isabel Allende, novelista chilena, de origen peruano (1942).

Isaura *On. 17-6*

Nombre de origen griego. Es gentilicio, con el significado 'perteneciente al pueblo de los isauros'. Isauria es una provincia de Asia.

Isidora *On. 4-4*

Forma femenina del nombre Isidoro, del griego *Isis-doron*, 'don de Isis', diosa egipcia venerada también en Grecia. Ha dado lugar a dos nombres, con el patronazgo de sendos santos, el letrado Isidoro y el labrador Isidro. En ambos casos, el nombre proclama el don de trabajador honrado y sacrificado de quienes lo llevan, pero en su forma culta se aplica a la labor intelectual, que cuenta con el ejemplo de san Isidoro de Sevilla (560-636), autor de la obra enciclopédica *Las Etimologías,* el edificio escrito más importante de la España visigoda.

Variantes: Isadora, Isidra; Isa (hip.); *fr. ing.* Isidore.

Isadora Duncan, bailarina estadounidense, leyenda de la danza contemporánea (1878-1927). **Isa Dinesen** (Karen Blixen), escritora y aventurera danesa (1885-1962).

Isolda *S/on.*
Del germánico *is, isan,* 'hiclo' o 'hierro' (genéricamente, 'brillante'), y el sufijo *wald,* 'caudillaje, mando'. Se extendió por toda Europa por el relato de *Tristán e Isolda,* leyenda cumbre del amor cortés.
Variantes: Iseo, Isolina; *fr. al.* Isolde.

Itzaso *On. como Mar*
Forma eusquera de Mar.

Iva *On. 19-5*
Tradicional nombre germánico, formado sobre la raíz *iv,* que en otras lenguas del mismo tronco tuvo las formas *ed, ead, eb,* concurrentes al fin en el término *hrod,* 'glorioso'. Poco usado en nuestro país, donde nos ha llegado procedente de Francia, sí es muy popular su variante masculina Iván, que ha sido asimilada a Juan en los países eslavos.
Variantes: Ivette, Yvette, Ivet, Yvonne, Ivonne; Ivona (ant.); *eus.* Ibone.
Yvette Guilbert, cantante francesa (1867-1944). **Yvonne de Carlo,** actriz estadounidense, de origen canadiense (1924-1994). **Iva Majoli,** jugadora de tenis croata (1977).

Izaskun *S/on.*
Nombre eusquera sin equivalente. Quizá proceda del topónimo proto-vasco *Izatz,* que significa 'retamal en lo alto del valle'.
Variante: *cat. eus.* Izaskum.

J

Jacinta *On. 17-8*
Los griegos crearon este nombre para honrar con él a la belleza de la naturaleza, concretada en una flor. Su origen etimológico, en la expresión *ai-anthos*, 'flor del ¡ay!, hace referencia a la leyenda del hermoso efebo amado por el dios Apolo y transformado en flor al morir.
Variantes: *al.* Hyazintha; *cat.* Cinta (hip.); *gall.* Xacinta; *fr.* Hyacinthe, Jacinte; *ing.* Hyacinth (hip. Sinty); *it.* Giacinta; *eus.* Gaxinte.
Cindy Crawford, *top model* estadounidense (1966), exesposa del actor Richard Gere.

Jamila *S/on.*
Nombre de origen árabe, femenino de Jamil y derivado de la voz *jamal*. Su significado es 'bella, hermosa'. La *j* se pronuncia como en francés.
Variante castellanizada: Yamila.

Jane *On. como Juana*
Variante anglosajona de Juana. En España empezó a popularizarse por el personaje de Jane, compañera de Tarzán. Por concurrencia fonética, también es variante del irlandés Sinéad, 'graciosa'. Alterna con Janet.
Jane Austen, novelista británica (1775-1817). **Jane Campion**, directora de cine neozelandesa (1954). **Jane Fonda**, actriz y activista de los derechos humanos estadounidense (1937).

Janira *S/on.*
De *iannos*, 'jónico'. En la mitología griega, hija de Océano y Tetis.
Variantes: Yanira; *cat.* Janira.

Jaquelina *On. 25-7*
Equivalente a Jaimita, femenino de Jaime, la más popular derivación de
Jacob, a través del italiano *Giàcomo*. Es el nombre de uno de los principales personajes de la Biblia, fundador del pueblo de Israel tras luchar
contra el ángel del Señor y símbolo del justo guiado por la sabiduría. Del
hebreo *yah-aqob*. El primer componente, presente en multitud de nombres bíblicos, es 'Dios'. El segundo, en cambio, da lugar a controversias:
quizá *ageb*, 'talón', aludiendo al hecho de que al nacer tenía asido por el
calcañar a su hermano gemelo Esaú, quien nació primero. O bien de
Yahaqob, 'el suplantador', pues suplantó a Esaú para lograr al fin unos
derechos de primogenitura que años antes había trocado por un plato de
lentejas. Durante la Edad Media, el patriarca bíblico Jacob o *Yahacob* se
conocía en España como Yago, por sonorización de la oclusiva. Por ser
san Yago el santo por excelencia en nuestro país, apóstol evangelizador
y patrón de los ejércitos durante la Reconquista, las palabras 'santo' y
'Yago' se fundieron en una sola para dar Santiago. En España, la fama
del personaje Jaimito se ha extendido hasta significar 'niño travieso'.
Variantes: Jácoma (ant.); *al.* Jakoba; *cat.* Jaquelina; *gall.* Xaquelina;
fr. ing. Jacqueline; *it.* Giàcoma; *eus.* Jake.
Jacqueline Kennedy, primera dama de Estados Unidos, se casó después con el mag-
nate griego Aristóteles Onassis (1929-1994). **Jacqueline Picasso**, musa y esposa de
Pablo Picasso (1926-1986).

Jazmín *S/on.*
Nombre de flor, originado en el persa *jasamin*, devenido antropónimo
femenino. Del mismo origen es Yasmina, y el italiano *Gelsomina*.
Según la Biblia, llevó tan aromático nombre la segunda hija de Job.
Variantes: *cat.* Gessamí; *gall.* Xasmín.

Jennifer *On. como Genoveva*
Forma inglesa de Genoveva y de Ginebra; significa 'blanca como la espuma del mar'.
Variantes: Jenny, Ferry.
Jennifer Jones (Phyllis Isley), actriz de cine estadounidense (1919). **Jennifer Aniston**, actriz de cine y televisión estadounidense (1969). **Jennifer López**, actriz y cantante estadounidense, de origen cubano (1970). **Jennifer Capriati**, jugadora de tenis estadounidense (1976).

Jerónima *On. 30-9*
Del griego *hieronimus*, 'nombre santo', retomado por el cristianismo y popularizado por el redactor de la célebre Vulgata, la traducción al latín de la Biblia todavía hoy vigente.
Variantes: Hierónima, Gerónima; *ast.* Xeroma; *gall.* Xeroma, Xerónima; *fr.* Jerôme; *ing. al.* Hieronyma; *it.* Girolama; *eus.* Jeroliñe.
Jerónima Burgos, célebre actriz española del siglo XVII.

Jessica *On. 24-6*
Este nombre ha ganado en popularidad en tiempos recientes, por la atracción que ejercen las variantes extranjeras de nuestra onomástica, tal vez debido a su exotismo o a resultar más sugerentes. En este sentido suele considerarse hipocorístico de *Jesse, forma escocesa* de Juana, conserva la grafía del original y se pronuncia *Yésica*. Sin embargo, Jésica es también un antropónimo de la tradición hispana, formado a partir del masculino de origen hebreo Jesé, variante de Isaí, donde el primer elemento hace referencia a Jehová y el segundo a la fortaleza, la salud y la salvación que el portador del nombre obtiene gracias a Él.
Variantes: *cat. fr. ing. al.* Jessica; *it.* Gèssica.
Jessica Lange, actriz cinematográfica estadounidense (1949).

Jesusa *On. 1-1*
Por llamarse así, en masculino, Dios encarnado, es el nombre de mayor
relevancia de la onomástica cristiana. Viene de *Yehoshúah*, 'Yahvé salva',
del que derivaron también Joshua y Josué. Jesús de Nazaret, que más tarde tendría el sobrenombre *Emmanuel*, 'Dios entre nosotros', recibió este
nombre en la ceremonia de circuncisión, equivalente al bautizo. Por su
acentuada áurea de divinidad, fue poco usado en los primeros tiempos
del cristianismo, considerado su uso irreverente. Con el tiempo se ha ate-
nuado la relación entre el nombre y su principal portador, de modo que
hoy es popular en amplias zonas de España e Iberoamérica.
Variantes: Chus, Chusa, Chuca, Chucha (hips.); *gall.* Xesusa; *fr.* Jésuse.

Jezabel *On. como Isabel*
Nombre de origen hebreo; significa 'Dios ha jurado'. Se considera una
variante antigua de Isabel, pues Jezabel, legendaria reina fenicia de
Samaria, fue precisamente quien introdujo el culto al dios Baal.

Jimena *On. como Simeona*
Variante medieval de Simeona. Es originario de Navarra, por lo que se
ha propuesto una relación con el vasco *eiz-mendi*, 'fiera de la montaña'.
Variantes: *ast.* Ximena; *cat.* Eiximena.

Joaquina *On. 21-5*
Dios construirá, erigirá. Nombre de origen hebreo, *Yehoyaqim*, que
significa 'Yahvé construirá, erigirá'. Hasta el siglo XIV apenas fue tomado en consideración el nombre del patriarca padre de la Virgen María,
pero en la actualidad se ha convertido en uno de los más usados.
Variantes: *cat.* Quima (hip.); *fr. ing. al.* Joachime; *it.* Gioachima.

Jordana   *On. 13-2*
Del verbo hebreo *jared*, 'bajar', por la lentitud con que fluye el río
Jordán, que significa 'el que baja'. Otra interpretación daría 'el riachuelo de Dan', por contracción de *jehor,* 'riachuelo', y Dan, ciudad próxi-
ma al nacimiento del río. En cualquier caso, el nombre es evocador del
río bíblico en que fue bautizado Jesús, y que para el pueblo hebreo señalaba los límites orientales de la Tierra Prometida.
Variantes: *cat.* Jordana; *fr. ing. al.* Jordane; *it.* Giordana; *eus.* Yordana.

Josefa   *On. 19-3*
En el origen de este nombre hay un grito de júbilo. Cuenta la Biblia que
Raquel, la esposa deseada del patriarca Jacob, expresó su alegría al dar a
luz tras su largo período de esterilidad exclamando «*Yosef*», que en hebreo
significa 'acrecienta Yahvé', 'el Señor aumenta la familia'. Con este nombre se ha expresado la alegría por la bendición divina manifiesta al venir
al mundo un nuevo ser. Pero además de fertilidad y crecimiento de la familia, este antropónimo evoca abundancia de riquezas, por el ejemplo
del patriarca José, que salvó del hambre a su familia, es decir, a la familia
de Israel. Si a esto le sumamos el patronazgo de san José, esposo de la
Virgen María y patrono de la Iglesia universal, no es raro que el nombre
sea inmensamente popular. Es corriente la combinación del masculino de
este nombre pospuesto a María en el compuesto María José.
Variantes: Josefina, Fina, Pepa, Pipina (hips.); *ast.* Jusa; *cat.* Josepa (hips.
Jepa, Bepa, Pepa Pona, Zepa); *fr.* Josèphe; *gall.* Xosefa; *ing.* Josephe; *it.*
Giuseppa (hips. Peppina, Beppina, Geppetta); *eus.* Yosebe, Joxe.
Josefina de Beauharnais, emperatriz francesa, esposa de Napoleón (1763-1814).
Josephine Baker, artista estadounidense de *music-hall* (1906-1975). **Pepa Flores**,
Marisol, cantante y actriz española (1948).

Juana *On. 24-6*
Femenino del príncipe de los nombres masculinos. De origen hebreo, a partir de *Yehohanan* o *Yohanan*, que en latín dio *Johannan* y *Johannes*, compuesto por el apócope de Yahvé y la raíz *hannah*, alusiva a la concesión divina de la gracia. Significa 'Dios es propicio', 'Dios se ha compadecido' o según otros 'Dios está a mi favor'. En todo caso, queda clara la comunión perfecta entre la divinidad y el portador del nombre, tradición iniciada por san Juan Bautista, la voz que clamaba en el desierto abriendo camino a Jesús. A este santo, único del que se celebra el nacimiento y no la muerte, la Iglesia le reservó una de las dos fiestas más importantes del año en los ancestrales ritos de la humanidad: el solsticio de verano, al mismo nivel que la celebración del solsticio de invierno, reservada al nacimiento de Jesús. Sea por el prestigio de su patrón, por su optimista significado, por su sonoridad o por su evocación de la fecundidad y de la fuerza positiva del Sol, la difusión del nombre ha sido masiva: el *John Bull* inglés; el personaje holandés *Jan Kaas,* 'Juan Queso'; la palabra *yanqui*, sinónimo de estadounidense y derivada de *Janke,* 'Juanito'; el *Hansel* alemán, y otros muchos, son tan representativos de los habitantes típicos de sus países como lo es el Juan Español entre nosotros. En Francia se llamó así su más célebre heroína, Juana de Arco (1412-1431).
Variantes: Ivana, Jana; *al.* Johanne, Hohanna; *ast.* Juanta; *cat.* Joana (hip. Jana); *fr.* Jeanne; *gall.* Xana, Xoana; *ing.* Joan; *it.* Giovanna, Gianna; *eus.* Ganixe, Ione, Jone; *port.* Joâna.
Juana de Ibarbourou, poetisa uruguaya (1895- 1980). **Joan Crawford,** actriz de cine y empresaria estadounidense (1904-1977). **Juanita Reina,** tonadillera, bailarina y actriz española (1925). **Billie-Jean King,** tenista estadounidense (1943). **Joan Baez,** cantautora *folk* estadounidense (1941). **Joan Sutherland,** soprano australiana (1926). **Jana Novotna,** tenista checa (1968).

Judit *On.* 7-9
Nombre de la más famosa heroína judía, ejecutora de Holofernes, que da nombre a un libro de la Biblia. Es femenino de *Iehuda*, 'judá': 'la judía', 'la bella mujer de Judá'.
Variantes: Judith, Judita; *al.* Juditha; *ing.* Judy, Jodie (hips.); *it.* Giuditta.
Judy Chicago, pintora y ceramista estadounidense (1939). Judy Garland (Frances Gumm), actriz de cine estadounidense (1922-1969). Jodie Foster, actriz estadounidense (1962). Judit Mascó, modelo española (1969).

Julia *On.* 22-5
Llevar este nombre fue en su origen sinónimo de alta dignidad. Su pedigrí se remonta a los albores de Roma. Virgilio lo hizo descender del legendario *Iulus*, hijo de Eneas, que tanto tuvo que ver en la fundación de la ciudad Imperio, y de quien se consideraba descendiente la *gens* Julia. Para honrar a esta familia, y en especial al caudillo Julio César, su miembro más egregio, Marco Aurelio llamó así el séptimo mes del año, que antes llevaba por nombre *quirinalis*. Prosiguió la fama del nombre gracias a la Julieta shakespeariana.Tiene este antropónimo aroma clásico y renacentista, pero al mismo tiempo suena muy actual.
Variantes: Julieta, Julita; *cat.* Júlia; *fr.* Jules; *gall.* Xulia; *ing. al.* Julia, Julie; *it.* Giulia; *eus.* Yule.
Giulia Gonzaga, mecenas italiana, célebre por su hermosura y cultura (1513-1566). Julia Otero, periodista española (1960). Julia Roberts, actriz de cine estadounidense (1967).

Juliana *On.* 4-1
Del latín *Iulianus*, gentilicio de Julio. Famoso por una santa en cuyo honor se levantó un santuario en Santillana (este nombre es una contracción de Santa Juliana) del Mar.

Julieta *On. 16-4*
Diminutivo de Julia, con entidad propia tras ser popularizado por la joven y bella Julieta, amante de Romeo en la célebre obra de Shakespeare.
Variantes: *cat.* Julieta; *ing. al.* Juliet; *it.* Giulietta.
Juliette Greco, cantante y actriz francesa, musa del existencialismo (1927). **Juliet Lewis**, actriz estadounidense (1973). **Giulietta Masina**, actriz de cine italiana (1920-1994). **Juliette Binoche**, actriz de cine francesa (1964).

Juncal *S/on.*
Advocación mariana: Nuestra Señora de Juncal.
Juncal Rivero, presentadora de televisión y modelo española (1968).

Justa *On. 6-8*
Nombre latino. *Iustus* significa 'recto', 'conforme a la ley, al uso', 'el que se apega estrechamente al derecho' o *ius* (abreviación de *iussum,* participio pasado de *iubeo,* 'ordenar'). Por las cualidades a las que alude (probidad, honradez, integridad), ha sido un nombre muy popular.
Variantes: *gall.* Xusta; *eus.* Juste, Zuzene.
Justa Sánchez del Castillo, poetisa española del siglo XVIII.

Justina *On. 16-6*
Nombre de origen latino: *Justinus*, patronímico de Justo. Suele evocar a la protagonista de la más célebre novela del marqués de Sade.
Variantes: Justiniana; *gall.* Xustina; *fr.* Justine.
Justine Duronceray, madame Favart, actriz y cantante francesa (1727-1772).

Karen *On. como Catalina*
Variante de Catalina en los países escandinavos.
Karen Blixen, novelista danesa (1885-1962).

Katia *On. como Catalina*
Forma hipocorística eslava de Catalina. Alterna con Katya y Katja.
Katja Seizinger, campeona de esquí alemana (1972).

Khadija *S/on.*
Así se llamó la primera esposa del profeta Mahoma, una de las cuatro
«mujeres incomparables» del Islam. En árabe, 'guía de la pureza'.
Variantes: Jadiya, Hadiya, Kadidja.

Khalida *S/on.*
Entre los árabes, expresa el deseo de que su portadora disfrute de una
larga vida. Significa 'eterna', o 'inmortal', atributo de la divinidad.

Kim *S/on.*
Hipocorístico del nombre antiguo inglés Kimberly; significa 'la que
procede de la fortaleza real', y según otra interpretación, 'gobernante'.
Kim Basinger, actriz de cine y modelo norteamericana (1953).

Konane *S/on.*
Nombre de mujer hawaiano; significa 'luz de luna'.

L

Lada *S/on.*
Nombre de la diosa del amor y de la belleza en la mitología eslava.

Laia *On. como Eulalia*
Hipocorístico catalán de Eulalia (a través de *Olalla* i *Lalla*). Muy difundido, primero en Cataluña, hoy en toda España. Tiene, a su vez, una variante hipocorística muy extendida: Lali.
Laia, personaje protagonista de una novela del escritor catalán Salvador Espriu.

Lamberta *On. 17-9*
Del germánico *land-berht*, que significa 'país ilustre'. Antropónimo habitual en Francia y en Alemania.
Variantes: *cat.* Llamberta; *eus.* Lamberte; *fr. ing. al.* Lamberte.

Lara *On. 13-1*
Entre los pueblos etruscos que habitaban el Lacio antes que los romanos, Lara era una ninfa condenada al silencio eterno por haber revelado un secreto (de hecho, su nombre procedía del griego *lala*, 'la charlatana'), la cual, poseída por Mercurio, fue madre de los dioses Lares, divinidades que presidían la casa (latín *lar* 'lar, hogar, casa') y a las que estaba consagrado el fuego del hogar. Sugiere, por tanto, este nombre de suave pronunciación, el calor del hogar; pero también la fuerza ignota, pues según otros mitólogos Lara era una poderosa divinidad telúrica.
Variantes: Laria, Larisa; *ruso,* Larochka (hip.).

Lara, heroína de la novela *El doctor Zhivago*, de Boris Pasternak. Santa Larisa, venerada con sus compañeras por la iglesia ortodoxa (s. IV). Lara Flynn Boyle, actriz de cine estadounidense (1970).

Laura   *On. 1-6*

Al laurel, árbol sagrado procedente de la India, se le han atribuido virtudes prodigiosas desde la más remota antigüedad: capaz de inspirar, de curar, de ahuyentar los rayos e incluso de conceder la inmortalidad, por simpatía con el verdor perenne de sus hojas. Todo esto evoca el nombre de Laura, del latín *laurus*, 'laurel'. Con esta planta, además, se adornaban los templos consagrados al dios Apolo y se coronaban los poetas y los vencedores. A su valor de símbolo de la inspiración y de la victoria vino a sumarse la alusión a la extrema gracia y belleza femenina, por su vinculación a Laura de Noves, la dama provenzal amada por el poeta Petrarca, quien la inmortalizó en su *Cancionero*. Ha pasado a ser uno de los preferidos en España en los últimos años.

Variantes: Lauryn; *ast. eus. gall. it.* Laura, Lauretta; *cat.* Laura; *fr.* Laure; *ing.* Laura, Lauretta (hips. Loretta, Lolly, Laurie); *prov.* Lora.

Laurie Anderson, cantante estadounidense, pionera del multimedia artístico, (1947). Laura Bassi, científica y filósofa italiana (1711-1778). Laura Dern, actriz de cine estadounidense (1967).

Laureana   *On. 4-6*

Derivado de Laura: de su gentilicio latino *laureanus*, 'coronado de laurel', es decir, 'victorioso'.

Variantes: *cat.* Llorana; *eus.* Laurane.

Lauren Bacall (Betty Joan Weinstein Perske), actriz cinematográfica y teatral estadounidense (1924), esposa de Humphrey Bogart.

Laurencia *On. 10-8*
Del latín *Laurentius*, gentilicio de *Laurentum*, ciudad del Lacio así denominada, según Virgilio, por un famoso laurel (*laurus*). Pasó a significar 'coronado de laurel', es decir, 'victorioso', por la costumbre de poetas y guerreros triunfales de coronarse con hojas de este árbol.
Variantes: *al.* Laurentia; *ast.* Lorenta; *cat.* Laurència; *fr.* Laurente; *gall.* Lourenza; *ing.* Laurence, Lawrence; *eus.* Laurende.

Lavinia *On. 22-3*
Nombre mitológico, creado por Virgilio para la hija del rey Latino y esposa de Eneas en el poema épico *La Eneida* a fin de justificar el origen de la ciudad de *Lavinium* (que, en realidad, viene del griego *laphas*, 'piedra'). Es identificado a veces con Lavena, nombre germánico que procede del celta *laouen*, que significa 'alegre'.
Variantes: *cat.* Lavínia; *gall.* Lavinia.

Leandra *On. 28-2*
Forma femenina de Leandro, a pesar de su etimología, pues está formado por las palabras griegas *leios,* 'dulce, bueno, agradable', y *andros,* que significa 'hombre'. Con él se proclama la naturaleza bondadosa y la simpatía de su portadora. De estos dones tuvo que ser ejemplo su patrón, san Leandro, hermano de san Isidoro y obispo de Sevilla, pues a él se atribuye el mérito de la conversión de Recaredo, que puso fin en el siglo VI a una guerra de religión en la Península. Pero la connotación más destacada procede del personaje mitológico Leandro, cuya historia de amor con Hero convirtió su nombre en símbolo del amante capaz de arriesgar la vida por amor. No tiene relación con Alejandra.
Variantes: *cat.* Lleandra; *fr.* Léandre; *gall.* Leandra; *eus.* Landere.

Ledia *On. 27-3*
Nombre mitológico, que tal vez proceda de *léda*, 'señora'. Se llamó así la hija del Testio de Etolia, una doncella seducida por Zeus bajo la forma de cisne, que fue madre de Helena, Clitemnestra, Cástor y Pólux.
Variantes: Leda; *cat.* Leda, Lèdia; *gall.* Ledia.

Leila *S/on. scc. Lea*
Nombre femenino de origen persa, portado por la heroína del popular cuento *Leila y Majnun*. Adaptado posteriormente por el hebreo y el árabe, debido al parecido con la palabra de esas lenguas *leilah*, 'noche', que lo hacía adecuado para las jóvenes de tez morena, o para las amantes de la noche, pues a veces se interpreta como 'la nocturna'.
Variantes: Laila, Leyla, Layla.
Leila Khaled, activista palestina (1946).

Leilani *S/on.*
Nombre de mujer hawaiano; significa 'niña celestial'.

Lena *On. 22-7*
Hipocorístico, especialmente anglosajón, de Magdalena o Helena, que está teniendo bastante aceptación en los últimos años.

Leocadia *On. 9-12*
Nombre de la patrona de Toledo, popular en el siglo XIX y algo en desuso hoy. Del griego *leukádios*, 'habitante de las islas de Leucade' (a su vez, este nombre significa 'rocas blancas').
Variantes: Leo (hip.); *ast.* Locaya; *cat.* Llogaia, Leocàdia; *fr.* Léocadie; *gall.* Locaia; *eus.* Lakade.

Leonarda *On. 6-11*
Adaptación germánica del nombre clásico León, del griego *léon,* ausivo a la bravura de esta animal, símbolo de la soberanía, el poder y la justicia, con el sufijo *-hard,* 'fuerte', presente en numerosos onomásticos como Arduina y Abelarda). En masculino, Leonardo da Vinci concedió al nombre un prestigio que se mantiene pasados los siglos. Variantes: *al.* Leonharda; *cat.* Lleonarda; *fr.* Léonarde, Léonie; *ing.* Leonarde (hips. Len, Lennie); *eus.* Lonarte.
Léonie d'Aunet, madame Biard (1820-1879), amante y luego esposa del pintor August Biard, y amante de Victor Hugo.

Leonor *On. 1-7*
Algunos arabistas ven en este nombre la frase 'Dios es mi luz', pero a pesar de ser uno de los predilectos en toda Europa durante la Edad Media, portado por varias reinas de Castilla y de Aragón, lo cierto es que se desconoce su etimología. Tal vez su origen sea gaélico, y al romanizarse su forma haya concurrido con la de otros nombres preexistentes, como los del grupo del griego Elena, o más probablemente, como aféresis del provenzal Eleonor, derivado del gótico *alan,* 'crecer'. *Alienor* es precisamente el nombre original de Leonor de Aquitania (1137-1152), una de sus más ilustres portadoras, reina de Francia y de Inglaterra, mecenas de artistas y trovadores y madre de Ricardo Corazón de León. Conserva este antropónimo una pátina de nobleza, y tiene además resonancias de fortaleza por su semejanza fonética con el nombre del león. Variantes: Leonora, Norica, Norina, Norisa; Nora, Nori, Norín (hips); *cat.* Elionor; *fr.* Léonore; *ing.* Leonore; *it.* Leonora; *eus.* Lenore, Lenora.
Louise Éleonore de Warens, protectora del pensador Rousseau (s. XVIII). Leonora Carrington, pintora mexicana (1917-1996).

Leopolda   *On. 15-11*
Del germánico *leud-bald,* 'pueblo audaz', muy popular en la Edad
Media y renacido en el último siglo por algunos soberanos belgas.
Variantes: Leobalda, Leopoldina; *ing. al.* Leopolde; *fr.* Léopolde.

Leticia   *On. 27-4*
En la antigua Roma se creó este nombre para expresar la alegría ante un
nacimiento. Inicialmente, *laetitia* significaba 'fecundidad' y era el sobrenombre de la diosa Ceres; pero para aquellas gentes mediterráneas tan
apegadas a la tierra y a la vida, la visión de un campo fértil, de unos
montes de vegetación exuberante, de unos rebaños fecundos o de una
madre «en estado de buena esperanza» era la imagen misma de la felicidad, por lo que el adjetivo pasó a significar 'alegría'.
Variantes: *cat.* Letícia; *gall.* Leticia, Ledicia; *ing.* (hip.) Lettie.
María Leticia Ramolino, madre de Napoleón Bonaparte, conocida durante el
Imperio como Madame Mère (s. XVIII-XIX). **Leticia Sabater**, presentadora de televisión española (1963). **Laetitia Casta**, modelo y actriz de cine francesa (1978).

Lía   *On. 22-3*
Tal vez del hebreo *leah*, 'cansada, lánguida', para otros, 'vaca montesa',
y aun según otros femenino de León, por el latín *lea,* 'leona'. Pero en la
antigüedad, el nombre se llenaba de sentido, sobre todo, por su alusión
a la Lía por antonomasia, el personaje bíblico, hija de Labán y primera
mujer de Jacob, de quien tuvo siete hijos, patriarcas de otras tantas tribus del pueblo de Israel. Esta mujer, con su hermana Raquel, personajes homónimos de *La Divina Comedia*, adoptan papeles similares a los
de las Marta y María evangélicas: amor contemplativo frente al activo.
Variantes: Lea; *cat. gall. it.* Lia; *ing.* Leah.

Liana   *On. como Juliana*
Forma hipocorística de Juliana (v.), variante a su vez de Julia, que significa 'edén, paraíso'.
Variantes: Illana; Lia (hip.).

Liberta   *On. 23-12*
Concurrencia del latín *libertus*, 'liberto, esclavo que ha recibido la libertad', unido al germánico *leud-berht*, 'pueblo ilustre'.
Variantes: *cat.* Lliberta; *it.* Libera.

Libertad   *S/on.*
Del latín *libertas*. Nombre femenino de fuerte sabor ácrata. Usado especialmente en épocas revolucionarias.
Libertad Lamarque, cantante y actriz de cine argentina (1909).

Libia   *On. 15-6*
Nombre procedente de la mitología griega, pero de origen incierto, tal vez relacionado con el significado 'seco', aridez propia de las zonas desérticas del norte de África.
Variantes: *cat.* Líbia; *eus.* Libe.

Licia   *On. como Alicia*
Diversas interpretaciones pueden darse a este nombre. Por analogía con Lidia, podría ser considerado gentilicio de la comarca de Licia, en Asia; pero quizá sea mejor relacionarlo con los sobrenombres de Diana y de Apolo, ambos originados en el griego *lyke*, 'luz', o con *lykos*, 'lobo', símbolo de la violenta luz del Sol.
Lycette Darsonval (Alice Perron), danzarina francesa.

Lidia *On. 26-3*
Del griego *lydía*, 'originario de *Lyd* ', antiguo nombre de la comarca de Lidia, en el Asia Menor. Variantes: Lida, Lydia.
Variantes: *cat.* Lídia, Lydia; *gall.* Lidia.
Lidia Jorge, escritora portuguesa (1946). **Lidia Gueiler**, dirigente revolucionaria boliviana (1921). **Lydia Cabrera**, escritora cubana (1899-1991). **Lidia Bosch**, actriz española (1960).

Lilia *On. 27-3*
Del latín *lilium*, es decir, 'lirio', símbolo de pureza (cf. Inés). Influido por los nombres ingleses *Lily* y *Lilla*, hipocorísticos de *Elizabeth*.
Variantes: Liliosa, Liliana; *cat.* Lília; *ing.* Lillian.
Lily Pons, cantante estadounidense (1904-1976). **Lily Boulanger**, compositora francesa (1893-1918). **Lillian Gish**, actriz estadounidense, pionera del cine dramático (1896-1993). **Lillian Hellman**, escritora estadounidense (1905-1984).

Liliana *S/on. scc. Lilia*
Gentilicio de Lilia. Es identificado en ciertas zonas con Isabel.
Variantes: Lili (hip.); *fr.* Liliane; *ing.* Lilian.
Liliana Cavani, directora de cine italiana (1937). **Liliane de Réthy**, segunda esposa del rey Leopoldo III de Bélgica.

Lina *On. 5-7*
Del nombre griego *Línos*, originado en la planta *linon*, 'lino', del cual estaba hecho el hilo de la vida que cortaba la parca Átropos (Línos inventó la melodía funeraria, *aílinon*). Portado en masculino por el primer Papa después de san Pedro, lo que induce a relacionarlo también con el latín *linio*, 'ungir'. Suele usarse como hipocorístico de otros nombres con esta terminación, como Angelina, Carolina y Paulina.

Lina Cavalieri, soprano italiana (1874-1944). Lina Morgan (María de los Ángeles López Segovia), actriz y empresaria teatral española (1937).

Linda   *On. 28-8*

Derivado del germánico *lind*, que aunque originariamente significaba 'suave', 'flexible' y metafóricamente, 'dulce', pasó a significar también 'escudo' por sinécdoque, por hacerse los escudos con la flexible pero tenaz madera de tilo, así como 'serpiente', por ser éste el animal flexible por antonomasia. Muy usado como sufijo feminizador, e hipocorístico de nombres como Siglinda o Belinda, se ha superpuesto en castellano, con el de 'bella', derivado del latín *legitimus*, 'completo, perfecto'.

Linda Evangelista, modelo canadiense de origen italiano (1966).

Lindsey   *S/on.*

Del antiguo inglés; significa 'la que viene de la isla del tilo'.

Lindsay Davenport, jugadora de tenis estadounidense (1976).

Liria   *On. 8-6*

Del griego *lírion*, forma derivada de *leiron*, 'lirio'. En la práctica es variante de Lira, evocador del instrumento musical (en griego, *lyra*).

Liuva   *On. como Caridad*

Forma rusa de Caridad.

Livia   *On. 15-6*

Nombre latino, portado por un importante historiador romano, Tito Livio. Del verbo *lino*, 'ungir' (v. Lina), aunque otros lo relacionan con *liueo*, 'estar pálido'.

Llanos *On. 8-9*
Advocación mariana de especial fervor en Albacete, población enclava-
da en la parte más llana de la Mancha. Del latin *planus*, 'plano, llano'.

Lola *On. como Dolores*
Hipocorístico español de Dolores, a través de Lores y Loles.
No varía en las demás lenguas.
Lola Flores, cantante, bailaora y actriz española (1925-1995). Lola Anglada (Dolors
Anglada), dibujante y narradora española en lengua catalana (1892-1984). Lola
Montes (María Dolores Gilbert), bailarina y aventurera irlandesa (1818-1861). Lola
Membrives, actriz argentina (1888-1969). Lola Gaos, actriz teatral española (1924-1993).

Lorena *On. 30-5*
Advocación mariana francesa, alusiva a la Virgen de la comarca de
Lorraine, antigua Lotharingia, nombre alusivo a su soberano Lotharius,
hijo de Ludovico Pío.
Lorena Harding, personaje en las novelas de José Mallorquí.

Lorenza *On. 13-3*
Se cuenta que san Lorenzo, diácono de la Iglesia romana en el siglo III,
mostró tal entereza durante su martirio (mientras lo quemaban en unas
parrillas, pidió que le diesen la vuelta cuando juzgó que, por un lado, ya
estaba bastante asado), que logró desmoralizar a sus verdugos. El santo
había nacido bajo un laurel, símbolo de la gloria y la inspiración, y su
nombre, forma evolucionada de *Laurentius,* llevaba ya en sí esa idea de
triunfo e ingenio que tan bien supo llevar a la práctica. Felipe II le con-
sagró el monasterio de El Escorial, con forma de parrilla invertida.
Variante: Laurencia.

Loreto *On. 10-12*
Es éste un nombre de altura, que nos habla tanto de elevación física como espiritual. El topónimo italiano del que procede es un lugar de Ancona poblado de laureles (un *lauretum*), donde en 1294, según la tradición, la Virgen hizo trasladar su casa de Nazaret para conservarla en un lugar seguro y convertirla en santuario. Como quiera que se sirvió para ello de la ayuda de los ángeles, que llevaron la casa volando por los aires, Nuestra Señora de Loreto es venerada como patrona de la aviación. Variantes: *cat.* Loreto, Lloreta; *ing.* Loretta; *eus.* Lorete.
Loretta Young, actriz cinematográfica estadounidense (1913). Loreto Valverde, actriz y presentadora de televisión española (1968).

Lourdes *On. 11-2*
Salud y prodigio van ligados íntimamente a este nombre. Al tratarse de un topónimo, su significado etimológico es meramente descriptivo: la forma original parece ser *Lorde*, palabra vasca que significa 'altura prolongada en pendiente'; pero el antropónimo Lourdes señala claramente a uno de los santuarios más ilustres de la cristiandad, donde según la tradición la Virgen se apareció a la vidente Bernardette Soubirous (1858). El nombre se presenta así como una promesa de salud hacia su portadora. Variantes: Lurdes; Milú (hip.); *cat.* Lourdes, Lorda; *eus.* Lorda.
Lourdes Ortiz, novelista española (1943).

Lucero *S/on.*
Nombre femenino, tomado del del planeta Venus, estrella de la mañana (*Lucifer*, 'lo que luce o da luz'). Del mismo origen es Lucífera, aunque carece de las connotaciones positivas de este nombre.
Lucero Tena, bailarina y concertista de castañuelas española de origen mexicano (1939).

Lucía *On. 13-12*
Tener luz en el nombre es un don muy apreciado. Del latino *Lucius,* formado a partir de la raíz, *lux,* 'luz', que se reservó a los *prima luce natus,* o sea, a los nacidos con el alba. Es un término intensamente connotado, alusivo a la vida y también a las luces de la creación del alma y la mente. A su santa patrona, Lucía de Siracusa, virgen siciliana del siglo III, se le atribuye tradicionalmente la misión de conservar la vista de sus fieles, con lo que hace honor a su nombre, tan vinculado a la luz.
Variantes: Lucelia, Luciana, Lucinda, Lucidia, Lucila, Lucina, Lucinia.
al. Lucía; *ast.* Llucia, Chucia; *cat.* Llúcia, Lluça; *gall.* Lucía; *eus. fr.* Luce; *ing.* Luce, Luey (hip. Lucy, Lulu); *it.* Lucia
Lucie Delarue-Mardrus, escritora francesa (1880-1945). Lucia Stone, abolicionista y defensora de los derechos de las mujeres estadounidense (1818-1893). Lucía Bosé, actriz de cine italiana (1931).

Lucila *On. 25-8*
Del latín *Lucilla,* que significa 'lucecita', aunque más bien se considera un diminutivo de Lucía.
Variantes: *cat.* Lucil·la; *fr.* Lucille; *ing. al.* Lucilla; *eus.* Lukiñe.
Lucila Gamero de Medina, escritora brasileña (1873-1964). Lucila Palacios, escritora venezolana de origen antillano (1902). Lucila Pérez, historiadora y escritora venezolana (1882-1973). Lucille Ball, actriz y *show woman* estadounidense (1911-1989).

Lucrecia *On. 23-11*
Del latín *lucro,* 'ganar'; significa 'que ha ganado', 'que está aventajado'.
Lucrecia Borgia, dama española, hija del papa Alejandro VI, famosa por su belleza y su vida licenciosa (1480-1519). Lucrecia Coffin Mott, abolicionista y feminista estadounidense (1793-1880). Lucrecia Bori, cantante de ópera italoespañola (1887-1960).

Ludmila *On. 13-9*
Nombre eslavo, muy popular en Rusia. Significa 'amada por el pueblo'.
Posibles concurrencias con la raíz germánica *hlod*, 'gloria', y la latina
germanizada *milus*, 'dulce'.
Variantes: Ludomila, Luzmila, Lubmila, Milena; Lyuba, Mila (hips.).
Ludmila Belusova, patinadora rusa. Ludmila Pitoëff, actriz francesa (1895-1951).

Luisa *On. 15-3*
Nombre germánico, para el que se han aportado distintas etimologías.
Su significación más plausible es 'famosa en la batalla', por la unión de
hluot, 'gloria' (la fama o la celebridad es 'lo que hace ruido', así que
esta raíz la hallamos también tras el alemán *laut* y el inglés *loud*, 'so-
noro'), y *weg* o *wig*, 'guerra', que daría asimismo 'guerrero ilustre'. El
primer *Hluotweg* fue Clodoveo, fundador del reino franco, de donde
pasó a la forma *Chlodovechus*, de ésta a *Ludovicus*, y por fin, a la forma actual. Con esta fuente onomástica concurren el germánico *Liuva*,
derivado de *leuba*, 'amada'; y *all-wisa*, con el significado 'sabia eminente', que daría en las formas *Aloysius* y derivados, consideradas hoy
equivalentes de Luias. Pero el primer origen citado, y su significación
de 'combatiente gloriosa', e incluso 'invicta' (su misma raíz *wig* está en
la palabra 'victoria'), han sido los más aceptados.
Variantes: Alvisa, Clodovea, Ludovica; Lucha, Lilí, Lulú, Sisa (hips.);
ast. Lluisa; *cat.* Lluïsa; *gall.* Luisa; *eus.* Aloxe, Koldobike, Luke; *fr.*
Louise, Clovis, Looys, Loys; *ing.* Lewis; *al.* Ludwig; *it.* Luigina, Aloïsia;
port. Luiza; *prov.* Aloisia; *véneto*, Alvisa; *sueco*, Lovisa.
Louisa May Alcott, escritora estadounidense, autora de la novela *Mujercitas* (1832-
1888). Louise Labé, poetisa francesa, estimada por su acendrado erotismo, llamada
la Safo lionesa (1525-1566). Louise Thaden, aviadora estadounidense (1945).

Lupe   *On. como Guadalupe*
Forma hipocorística de Guadalupe.
Lupe Vélez (Guadalupe Villalobos), actriz mexicana (1906-1944), estuvo casada con Gary Cooper y con Johnny Weismuller.

Lusela   *S/on.*
Nombre de mujer miwoke; significa 'pequeña osa que baila'.

Luz   *On. 1-7*
Abreviación de la advocación mariana de la Virgen de la Luz. Latín *lux*. También variante de Lucía.
Variantes: *ast.* Lluz; *cat.* Llum; *eus.* Argiñe; *it.* Luce.
Luz Casal, cantante española (1962). Luce Irigaray, psicoanalista, teórica feminista y filósofa francesa, de origen belga (1930).

Mabel *On. 1-10*
Forma hipocorística de María Isabel. También del inglés *Amabel*, variante de Anabel. En Francia, aféresis de *Aimable*.
Variantes: *cat.* Mabel; *fr.* Mabelle (asimilado a *ma belle*); *ing.* Mabel.

Macarena *On. 1-4*
Advocación de la Virgen María muy popular en Sevilla, alusiva a un barrio cuyo nombre procede de un antiguo edificio relacionado con san Macario.

Macaria *On. 15-1*
Con este nombre se expresa la confianza en que la recién nacida disfrute una vida llena de bienaventuranzas. Procede del griego *makar,* 'feliz', de donde *makarios,* 'que ha alcanzado la felicidad'. Se popularizó a partir de la primera palabra del Sermón de la Montaña «Bienaventurados los pobres de espíritu...». Otra etimología posible es *machaera,* 'espada', interpretado como 'la que lleva la espada'.

Mafalda *On. 2-5*
Del germánico *magan-frid,* 'pacificador fuerte'. En Portugal, donde fue portado por una beata hija de Sancho I y esposa de Enrique I de Castilla (s. XIII), es considerado sinónimo de Matilde. El nombre de Mafalda, es inseparable del personaje de cómic creado en 1961 por el dibujante argentino Quino.

Magalí   On. como Margarita
Forma hipocorística occitana de Margarita, popularizado por un perso-
naje del poema de Frederic Mistral Mirèio (v. Mireya).
Magali Noël, actriz francesa.

Magdalena   On. 22-7
Gentilicio de la ciudad de Magdala en Galilea (de migdal, 'torre'), apli-
cado a María, la famosa pecadora arrepentida ante Jesús. Sinónimo
hoy de 'mujer arrepentida' o de 'mujer llorosa'.
Variantes: Magda, Lena (hips.); fr. Madeleine (hip. Madelon); gall.
Madalena (hip. Malena); eus. Matale, Malen; ing. Madeline; it. Maddalena.
Magda Andrade, pintora venezolana (1900-1994). Magdalena Nile del Río, Imperio
Argentina, actriz, cantante y bailaora argentina (1906). Madeleine Stowe, actriz de
cine estadounidense (1958).

Magnolia   S/on.
Nombre de flor, concebido en honor del botánico francés Pierre
Magnol, cuyo apellido procede a su vez de magnen, 'gusano de seda'
en el midi francés. Aplicado como nombre femenino.

Maite   On. 25-3
Si bien se considera habitualmente un hipocorístico de María Teresa,
existe base etimológica para considerarlo un nombre diferenciado. En
eusquera maite significa 'amada'. En el País Vasco este nombre también es usado como variante de Encarnación.

Makawi   S/on.
Nombre de mujer siux; significa 'doncella de la tierra'.

Malva   *S/on.*
Nombre femenino, tomado del de la flor. Y éste, del griego *malache*, 'suave', 'blando' (de donde el masculino Malaquías).

Malvina   *S/on. scc. Amalvina*
Del latín *malvinus*, derivado de *malva*, 'malva', germanizado con la raíz *win*, que significa 'amigo'. Nada tiene que ver este nombre con el de las islas Malvinas, que proceden del francés *Malouines*, por los pescadores de Saint-Malo que allí se establecieron.
Malvida von Meysenbug, escritora alemana (1816-1903).

Manfreda   *On. 26-1*
El difusor de este nombre germánico (*mann-frid*, 'hombre pacífico', 'pacificador') fue un rey de Sicilia del siglo XIII, hijo de Federico II y defensor de su reino contra las ambiciones de Carlos I de Anjou.

Manuela   *On. 1-1*
Los portadores de este nombre llevan consigo la mayor bendición, pues como aféresis del hebreo *Emmanuel*, Manuel significa 'el que está en compañía de Dios'. Fue el propio Jesús de Nazaret, a quien se asignó el sobrenombre de Emanuel, quien lo dotó de pleno significado: 'Dios con nosotros'. Otras fuentes vinculan este nombre a un personaje citado por el profeta Isaías e identificado posteriormente con el Mesías.
Variantes: Manola, Emma, Manena (hips.); *al.* Mannela; *ast.* Manuala; *cat.* Manela; *it.* Emanuela; *eus.* Imanolñe.
Manuela Malasaña, heroína en la guerra de la Independencia española (1791-1808). Manuela Cañizares, patriota ecuatoriana (†1809). Manuela Sáenz, amante y colaboradora de Simón Bolívar, llamada «la Libertadora del Libertador» (1797-1856).

Mar *On. 15-9*
Pocos nombres existen con un poder de evocación tan inmediato y poderoso como éste. Su sonido abierto, claro y amplio coincide con el significado, evidente, del latín *mare,* 'mar', y sugiere toda la grandeza, profundidad y bravura marinas. Como advocación mariana, se trata de una
de las más antiguas, nombre abreviado de Nuestra Señora del Mar, patrona de marinos y variados oficios náuticos. Es asimismo forma hipocorística de otros nombres femeninos con esta sílaba inicial, como María
o Marcela, y se utiliza con frecuencia en el compuesto María del Mar.
Variante: *eus.* Itsaso.
Maria del Mar Bonet, cantautora española en lengua catalana (1947). Mar Flores,
modelo española (1968).

Maravillas *S/on.*
Del latín *mirabilia*, 'cosas admirables' (*mira*, 'maravillas').
Variante: *cat.* Meravella.

Marcela *On. 31-1*
Del latín *Marcellus*, diminutivo de *Marcus*. Como en Marciala, Marciana,
Marcelina o afines, en el origen de este nombre se han cruzado dos etimologías, la de *malleus,* 'martillo', y la del genitivo de Marte, el dios de
la guerra, el que golpea. En todo caso se asegura la fortaleza de su portadora. Su patrona, santa Marcela, noble romana del siglo IV a quien se
considera la iniciadora de la vida monástica femenina en Occidente, fue
precisamente ejemplo de audacia, como espoleada por su nombre.
Variantes: Marcelia; *cat.* Marcel·la; *it.* Marcella; *eus.* Markelle, Martzelle.
Marcela Sembrich, pianista, violinista y soprano polaca (1858-1935). Marcelle
Tinayre, novelista francesa (1872-1948).

Marcelina   *On. 29-5*
Gentilicio de Marcelia o Marcela (*Marcellinus*).
Variantes: *ast.* Llina; *cat.* Marcel·lina; *it.* Marcellina; *eus.* Martxeliñe.
Marceline Desbordes-Valmore, escritora francesa (1786-1959).

Marciana   *On. 12-7*
Patronímico femenino de *Martius,* Marcio, forma adjetivada, a su vez, de
Mars, por Marte, el dios de la guerra en la mitología romana. Significa
'hija de quien pertenece a Marte', interpretado como 'hija del guerrero'.

Margarita   *On. 16-11*
Evoca este nombre la belleza, tanto en su aspecto más selecto, como en
el más espontáneo o natural. Sus portadoras pueden elegir entre la joya,
por su origen en el latín *margarita,* 'perla' (para distinguirla de la flor homónima se hizo habitual llamarla *pernula,* diminutivo de *perna,* 'pierna',
por el hueso redondo y brillante del jamón), o bien, según la ocasión,
optar por el patronazgo de la flor margarita, cuya hermosa jovialidad la
ha hecho acreedora de la simpatía general. De la popularidad del nombre son prueba sus numerosos hipocorísticos y derivados.
Variantes: *al.* Margereta (hip. Grete); *cat. gall.* Margarida; *fr.* Marguerite
(hips. Margerie, Margot); *ing.* Margaret, Margery, Marjorie (hips.
Maggie, Meg, Peg, Peggy, Mamie); *it.* Margherita (hips. Marga, Rita,
Ghita); *eus.* Margarite; *sueco* Greta (hip.).
Margarita Luti, *la Fornarina,* joven romana amante de Rafael, quien la inmortalizó con
sus pinceles (†1545). Margaret Thatcher, *la Dama de Hierro,* primera ministra británica
(1925). Margaret Atwood, escritora canadiense en lengua inglesa (1939). Margarita Xirgu,
actriz española (1888-1969). Marguerite Yourcenar (Marguerite de Crayencour), escritora
francesa (1903-1987). Margaret Mead, antropóloga estadounidense (1901-1978).

Margot *On. como Margarita*
Variante francesa de Margarita.

Margarita de Valois, *Margot,* esposa de Enrique IV y reina de Navarra y Francia (1553-1614). **Margot Fonteyn**, bailarina británica (1919-1991). **Margot Byra Hemingway,** actriz estadounidense (1957).

María *On. 15-8*
Es, con diferencia, el nombre femenino más extendido en España, amén del más estudiado, pues se han propuesto para él casi setenta interpretaciones. Su origen parece hebreo, probablemente a partir del egipcio, pues aparece por primera vez portado por la hermana de Moisés y Aarón. La unión de consonantes *m, r y m,* que está en el origen de este nombre (transcrito *Miryam* o *Maryam* indistintamente) tendría el significado de 'la amada de Amón', pues la raíz *mry* significa 'amada' en egipcio. En su origen griego la interpretación sería 'la amada de Dios', donde *Yam* es un equivalente válido de *Yah,* abreviación de Yahvé. Otras etimologías lo hacen derivar del hebreo *marah,* 'amargura', o de *meri,* 'obstinación', en alusión al carácter enérgico de sus portadoras, tal vez presente en *mara,* sustantivo arameo que significa 'señora'. Sea como fuere, el nombre de María pasó a representar, sobre todo, el ideal de mujer, al extenderse por toda la cristiandad el culto a la Madre de Dios. Incluso se prodigó poco hasta la edad moderna, debido al enorme respeto que se tenía por este nombre y a la aureola de divinidad que lo envolvía. Suele aparecer como complemento de numerosos nombres compuestos.
Variantes: Marica, Mariela, Mireya, Mari, Marichu, Maruja, Mariví, Marisa; *cat.* Maria (hips. Mari, Mariona); *fr.* Marie (hips.Mimí, Marion, Manon); *gall.* Marica, Maruxa; *ing.* Mary (hips. May, Molly, Polly); *eus.* Mari, Miren; *húng.* Marusca; *ruso,* Marys, Marianka, Mascia (hip. Masha).

María Callas (Maria Kalogeropoulos), soprano estadounidense, de origen griego (1923-1977). Maria Montessori, pedagoga italiana (1870-1952). Marie Brizard, industrial de licores francesa (1714-1801). Marie Curie (Marya Slodowska), científica francesa de origen polaco, premio Nobel de Física en 1903 (1867-1934). María Guerrero, actriz y empresaria teatral española (1868-1928). Mary Shelley, novelista británica (1797-1861). Marie Duplessis, dama francesa, inmortalizada por Dumas como Margarita Gautier en *La dama de las camelias* (1823-1847). María Félix, leyenda del cine mexicano (1915). María Bethania, cantante brasileña (1949).

Mariam *On. como María*
Forma antigua de María, hoy nombre de fantasía, formado por la combinación de María (v.) y su equivalente hebreo Míriam.
Mariam Baouardy, hija de árabes, beatificada en 1983 (1846-1878).

Mariana *On. 19-8*
Como gentilicio del primitivo Mario, derivado de *Marianus*, este nombre está en la órbita guerrera del dios Marte. Sin embargo, su vinculación posterior a la devoción a la Virgen María parece innegable. No guarda relación alguna con los femeninos *Marianne* (francés) o *Marianna* (italiano), compuestos de María y Ana.
Variantes: *cat.* Mariana; *gall.* Mariana; *ing.* Marian, Marianne.
Mariana Pineda, heroína española (1804-1831) Marianne North, naturalista y pintora británica (1830-1890).

Maribel *On. como Isabel*
Forma hipocorística del nombre compuesto María Isabel.
Maribel Quiñones Gutiérrez, *Martirio,* cantante de flamenco pop andaluza (1954).
Maribel Verdú, actriz de cine española (1970).

Marifé *On. como Fe*
Forma combinada de los nombres María y Fc.
Marifé de Triana, cantaora folclórica española.

Mariluz *On. como Luz*
Forma hipocorística del nombre compuesto María de la Luz

Marilyn *On. como María*
Nombre inglés de fantasía, formado a partir de María con el sufijo anglosajón *-ilyn*, que hallamos en otros nombres, como Annilyn.
Marilyn Monroe (Norma Jean Baker), actriz de cine estadounidense (1926-1962).
Marilyn Horne, mezzosoprano estadounidense (1934).

Marina *On. 4-9*
Nombre que posee gran poder evocador, por todo lo que representa el mar para la humanidad. Por su origen etimológico, del latín *marinus*, 'marinero', proclama la 'pertenencia al mar' de quien lo lleva. Con ello el nombre se llena del sentido del mar, símbolo de la dinámica de la vida y de la creación, así como de otras connotaciones, como la profundidad, la apertura y el espíritu de aventura vinculados al medio marino. Alguna tradición onomástica lo considera variante de María.
Variantes: *ast. gall.* Mariña; *fr.* Marine; *eus.* Marene.
Marina Tsvetaieva, poetisa rusa (1894-1941). **Marina Rossell**, cantautora en lengua catalana (1953). **Marina Mniszek**, dama polaca, llegó a ser coronada zarina (1588-1614).

Mariona *On. como María*
Hipocorístico catalán de María, formado a partir del francés *Marion*.
Mariona Rebull, personaje de la novela homónima de Ignacio Agustí.

Marisa   *On. como Luisa*
Forma hipocorística del nombre compuesto María Luisa.
Marisa Tomei, actriz de cine y televisión estadounidense (1964).

Marisol   *On. como Sol*
Forma hipocorística del nombre compuesto María del Sol.
Marisol (Pepa Flores), cantante y actriz española (1948).

Marlena   *On. como Elena o Magdalena*
Hipocorístico de los compuestos María Elena o María Magdalena, creado para la actriz Marlene Dietrich. En español es más tradicional la forma Marilena, y en época reciente ha ganado popularidad su aféresis Malena.
Marlene Dietrich (Maria Magdalena von Losch), actriz de cine alemana (1902-1992).
Marlene Morreau, actriz y presentadora de televisión hispano-francesa (1962).

Marta   *On. 29-7*
De origen arameo, femenino de *mar*, 'señor', presente en el persa *Marza*. Su significado más plausible es 'señora'. Nombre bíblico popularizado a partir de la devoción por santa Marta, hermana de Lázaro y de María Magdalena. De esta patrona, símbolo de la vida activa, atenta a lo material, frente a su hermana María, la contemplativa, volcada hacia lo espiritual, le viene al nombre su auténtico significado. Con él se pregona el carácter laborioso, activo y diligente de sus portadoras.
Variantes: *fr.* Marthe; *ing. al.* Martha (hip. Patty); *ruso,* Marfa (hip.).
Martha Graham, bailarina y coreógrafa estadounidense, ocupa un lugar preeminente en la historia de la danza (1894-1991). Marta Mata, pedagoga española (1926). Marta Chávarri, protagonista de la prensa del corazón (1960). Marta Sánchez, cantante y *sex symbol* española (1966). Patty Smith, cantante y poetisa estadounidense (1946).

Martina   *On. 30-1*
Su significado original, derivado del latín *martinus*, gentilicio del dios romano Marte: 'hombre marcial, belicoso, guerrero', se tiñó más tarde del áurea de paz de santa Martina, patrona de Roma, y sobre todo de san Martín de Tours (316-397), el santo francés por excelencia, de cuya capa (que san Martín cortó en dos mitades para compartirla con un pobre aterido de frío y Carlomagno convirtió siglos después en su reliquia más preciada) procede el sustantivo *capella,* es decir, 'capilla', que es como se llaman los pequeños oratorios privados.
Variantes: *ast.* Martine; *gall.* Martiña; *fr. ing. al.* Martine; *eus.* Martiñe.
Martine Carol, actriz de cine francesa. **Martina Navratilova**, tenista estadounidense, de origen checo (1956). **Martina Hingis**, tenista suiza (1980).

Maruja   *On. como María*
Forma hipocorística de María, tomado del gallego *Maruxa.*
Marujita Díaz, cantante folclórica española (1932). **Maruja Torres** (María Dolores Torres Manzaneda), periodista española (1945).

Matilde   *On. 14-3*
Por su significado, igual que por su recia sonoridad, es éste un nombre de princesas guerreras. Procede del germánico *maht-hild*, 'guerrero fuerte', y ciertamente, como si el nombre fuese un acicate, han sido legión las mujeres así llamadas que han destacado por su firmeza y energía; entre otras la Condesa Matilde (1046-1115), quien supo imponer su ley, por medio del amor, al Papado de la época, sin olvidar a Mafalda, la bondadosa y beligerante niña de las tiras de Quino.
Variantes: Matilda, Mafalda; *al. fr.* Mathilde; *ing.* Matilda, Maud (hips. Matty, Patty); *it.* Matelda, Metilde; *eus.* Matildhe; *port.* Mafalda.

Matilde Rodríguez, actriz española (1860-1913). **Matilda Serao**, periodista y novelista italiana (1856-1927). **Matilde Alba Swann** (Matilde Kirilovsky), poetisa, abogada y periodista argentina (1912). **Matilde Fernández**, política socialista española (1950).

Maya *On. 15-8*
Nombre de una de las Pléyades de la mitología, llevado por la madre de Hermes (*maia*, 'madre' en griego). Tal vez provenga de una diosa sánscrita: *Maya*, 'ilusión'. *Maia* también es la forma vasca de María.
Maya Angelou, escritora afroamericana (1928). **Maia Chiburdanidze**, ajedrecista rusa (1961). **Maya Deren**, cineasta estadounidense, de origen ucranianao, pionera del *underground* (1908-1961). **Maya Mijailovna Plisetskaya**, bailarina rusa de ballet (1923).

Meg *On. como Margarita*
Aféresis de Meggy, forma hipocorística inglesa de Margarita.
Meg Ryan (Margaret Anne Hyra), actriz de cine estadounidense (1961).

Melania *On. 31-12*
Del griego *melánios*, 'negro, oscuro', o 'con manchas negras'. Fue aplicado como sobrenombre a Deméter por el luto que llevaba por su hija Proserpina, raptada en los infiernos por Plutón.
Melanie Klein, psicoanalista infantil británica (1882-1960). **Melanie Griffith**, actriz de cine estadounidense, esposa de Antonio Banderas (1958).

Melba *S/on.*
La cantante australiana Elena Poter Mitchel, que tomó el pseudónimo de Melba, quiso honrar con él a la ciudad de Melbourne, donde cursó sus estudios e inició su fama. El nombre de la ciudad se origina a su vez en el lugar británico *Mel-bourne*, 'arroyo de Mel'.

Melisa   *On. 24-4*
A este nombre se llega desde dos orígenes distintos, pero coincidentes
en el hecho de que ambos suponen un regalo para los sentidos: la dulzura al paladar y la armonía al oído. De la raíz griega *méli*, 'miel', con
idéntico significado que el hitita *milit*, procede el sustantivo *mélissa*,
'abeja' o 'la que elabora la miel'. Palabra ésta que se obtiene igualmente
de la raíz griega *mélos*, 'canto, poesía, armonía', pero con el significado
de 'poetisa' o 'melodía'. En la mitología griega aparece portado ya por la
nodriza de Júpiter. Melissa, además fue la ninfa encargada de la reco-
leccción de miel, y en la antigüedad clásica se aplicó el sobrenombre de
'melisas' a las sacerdotisas que participaban en los misterios, tal vez porque su trabajo en el templo se asemejaba al de las abejas en el panal.
Variantes: Melina, Melinda (con el sufijo germánico *-lind*).
Melissa Gilbert, actriz estadounidense (1964). **Melissa Etheridge**, cantautora folk estadounidense (1961). **Melina Mercouri**, actriz de cine y política griega (1925-1994).

Mercedes   *On. 24-9*
El nacimiento de este nombre está ligado a la fundación en Barcelona, en
el año 1218, de la Orden de los Mercedarios, consagrada a la redención de
los cautivos bajo la protección de la Virgen de la Merced. Tal fue el prestigio que alcanzó esta orden barcelonesa, que Mercedes pasó a ser nombre
de pila y se extendió por toda España. Del latín *merces*, 'precio pagado por
una mercancía' (por *merx*, 'mercancía', palabra que está en el origen del
nombre Mercurio, dios del comercio), de cuyo sentido figurado, 'recom-
pensa', evolucionó hasta el actual de 'merced, misericordia'. El nombre proclama la tendencia al altruismo y el amor a la libertad de sus portadoras.
Variantes: Merce, Merche, Cheché (hips.); *cat.* Mercè; *gall.* Mercede;
ing. Mercy; *it.* Mercede; *eus.* Eskarne.

Mercè Capsir, cantante lírica española (1897-1969). Mercedes Sosa, cantante popular argentina (1935). Mercè Rodoreda, escritora española en lengua catalana (1909-1983). Mercedes Milá, periodista de televisión española (1951).

Meritxell   *On. 8-9*
Nombre de un célebre santuario andorrano presidido desde 1873 por la Virgen patrona del Principado.
Variante: Chell.

Meryl   *S/on.*
Forma hipocorística de Mary, usada en Estados Unidos.
Meryl Streep (Mary Louise Streep), actriz cinematográfica estadounidense (1951).

Micaela   *On. 15-6*
Forma femenina de Miguel, variante de Miguela.
Diminutivo: Micaelina.
Micaela Villegas, *la Perricholi,* actriz peruana, amante del virrey de Perú (1748-1819).

Miguela   *On. 21-8*
Femenino del nombre del arcángel por excelencia, del príncipe de los ángeles (por el griego *arjós,* 'primero'), pues fue san Miguel quien capitaneó a los ángeles afectos a Dios cuando se sublevaron los rebeldes de Lucifer. Su nombre procede del grito de desafío ante los rebeldes «¿Quién como Dios?», en hebreo *mi-ka-El.* Tras este episodio del Apocalipsis podría hallarse un fenómeno astronómico que los pueblos de Oriente Medio interpretaron en clave mítica: los movimientos del planeta Venus (llamado Lucifer, 'el portador de la luz') hacia una nueva órbita fueron leídos como la rebelión de un astro arrogante que pretendía usurpar el lugar del Sol.

Variantes: Miguelina, Micaela; *ast.* Micaela; *cat.* Miquela; *gall.* Miguela; *eus.* Mikelle; ing. Michelle; *fr. al.* Michele; *it.* Michele.

Michelle Pfeiffer, actriz cinematográfica estadounidense (1958). **Michèle Morgan** (Simone Roussel), actriz de cine francesa (1920).

Milagros   *On.* 9-7
A este nombre se recurrió como quien echa mano de un talismán para dar la buena fortuna a la recién nacida. Su significado es manifiesto (del latín *miraculum*, 'prodigio') y es una advocación a la Virgen de los Milagros, de gran arraigo en toda España, en especial en su hipocorístico Mila, que también lo es de otros nombres, como Emilia, Milena o Ludmila.
Variantes: Mila (hip.), Milagrosa; *cat.* Miracle; *gall.* Milagres.

Milena   *On. como Elena*
Hipocorístico de María Elena, usado en Francia y otros países.
Milena Jasenska-Pollak, compañera sentimental de Franz Kafka.

Milva   *S/on.*
Del latín *milvius*, 'milano'. Famoso por la batalla del puente Milvio (313), en la que Constantino el Grande venció a Majencio, consiguiendo así el Imperio y dando libertad de culto para el cristianismo.
Milva, cantante italiana (1941).

Minerva   *On.* 23-8
Es Minerva nombre de diosa, y de las más prestigiosas en el panteón clásico. Procede del latín *mene*, y éste, a su vez, de *menervare*, 'advertir', pero su auténtico significado le viene del perfil de la diosa romana, asimilada a la Atenea griega, quien siempre ha sido fuente de inspiración de los es-

píritus libres (de ahí el llamar ateneos a sus centros de reunión). Minerva, diosa de la paz, era también guerrera, pero con armas distintas de las de Marte: su símbolo es la lechuza, animal capaz de ver en la oscuridad, y al furor belicoso irreflexivo, contrapone la prudencia y la sagacidad.
Minerva Piquero, meteoróloga española (1965)

Mireya   *On. como María o como Milagros*
Al dulce nombre de María es difícil añadirle mayor suavidad, pero eso es precisamente lo que logra esta variante provenzal, popularizada por el poeta Frederic Mistral en su poema *Mirèio* (1859).
Variantes: *cat*. Mireia; *fr*. Mireille; *it*. Mirella; *prov*. Mirèio.
Mireille Balin, actriz de cine francesa (†1969). **Mireille Mathieu**, cantante francesa (1938).

Míriam   *On. como María*
Forma primitiva hebrea de María. En hebreo, 'ser contumaz'. Quizá de origen egipcio, con el significado 'amante de Amón'.
Miriam Fred, violinista israelí de origen rumano. **Miriam Schapiro**, pintora estadounidense, de origen canadiense (1923). **Miriam Makeba**, cantante sudafricana (1932).

Moira   *On. 15-8*
Variación irlandesa del antiguo nombre céltico de la Virgen María.

Mónica   *On. 27-8*
En este nombre, derivado del griego *monos*, 'único, uno, solo', hallamos encerrada la idea del recogimiento, muy grata al mundo clásico y más tarde al espíritu eremítico. Femenino de *monicus*, forma popular del latín *monachus*, 'monje', 'solitario', a su vez préstamo del griego *monachós*. Con él se señalaba a su portadora como 'ermitaña', cualidad muy

apreciada en la época, por lo que suponía de vida interior y de fortaleza de carácter. De esa actitud de sencillez y humildad entreveradas de energía y heroísmo, tan en la esencia de la vida cenobítica, fue ejemplo santa Mónica, madre y baluarte espiritual de san Agustín, una de las cumbres de la Iglesia y del pensamiento occidental. En época reciente el nombre ha conocido una importante revitalización, consecuente con la personalidad independiente que proclama su significado.

Variantes: *al.* Monika; *cat.* Mònica; *eus.* Monike; *fr.* Monique; *ing.* Monica; *it.* Monica; *gaél.* Moncha.

Monique Roi (Ludmila Tcherina), danzarina francesa. **Mónica Seles**, jugadora de tenis serbia (1973). **Monica Vitti** (Maria Luisa Ceciarelli), actriz de cine italiana (1931).

Montserrat   *On. 27-4*

Como la mayoría de nombres procedentes de un topónimo, el significado literal de Montserrat, del catalán *Mont-serrat*, 'monte aserrado' (por el aspecto de los picachos de la sierra así llamada), dice poco acerca de su portadora. Sin embargo, las connotaciones del nombre en Cataluña, de donde es patrona la virgen de Montserrat, llamada *la Moreneta*, son mucho más ricas, pues trae a la mente imágenes de uno de los lugares más sagrados, emblemáticos, bellos y misteriosos del país.

Variante hipocorística: Montse.

Montserrat Caballé, soprano española, figura internacional de la canción lírica (1933).
Montserrat Roig, periodista y escritora española en lengua catalana (1946-1991).

Muriel   *On. 15-8*

Seguramente del irlandés *muirgheal*, 'brillante como el mar' (*muir*, 'mar'). Es también forma normanda de María.

Muriel Spark, escritora británica (1918).

N

Nadia *On. 17-9*
Nombre ruso masculino, usado como femenino por concordancia. Se equipara al diminutivo de *Nadezhna*, 'la que recibió la llamada de Dios'. Es un nombre de moda en los últimos años, al igual que su variante Nadina, la auténtica forma femenina.
Variantes: Nadina; *cat*. Nàdia; *fr*. Nadège, Nadine.
Nadia Comaneci, gimnasta rumana (1961). **Nadia Boulanger,** compositora francesa (1887-1979). **Nadia Léger** (Nadine Jodosevich), pintora francesa de origen ruso (1904-1982). **Nadine Gordimer,** novelista sudafricana en lengua inglesa (1923)

Naiara *S/on.*
Nombre vasco intraducible, derivado al parecer del árabe *anijar*, 'carpintero', de donde derivó el nombre de Nájera (La Rioja), que sigue teniendo como principal artesanía la fabricación de muebles.

Naila *S/on.*
Del árabe *najla*, 'la de los ojos grandes', o en otra interpretación, 'triunfante, exitosa'. Identificado con Alena por la santa mora que adoptó este nombre cristiano al bautizarse.
Variantes: Najla, Nayla.

Najiba *S/on.*
Nombre y apellido árabe. De *najib*, 'ilustre', 'de noble alcurnia'.
Variantes: Neguiba, Najiba, Nahiba.

Nancy *On. como Ana*
Diminutivo de *Nan,* forma hipocorística inglesa de *Anne* o *Hannah.*
Se ha popularizado por ser el nombre de una muñeca internacional.
Nancy Langhorne, *lady Astor,* nuera del mítico comerciante de pieles John Jacob Astor, política conservadora británica, primera mujer que se sentó en el Parlamento (1879-1964).

Narcisa *On. 29-10*
Del griego *Narkissos,* forma de *narkao,* 'producir sopor' (de donde deriva la palabra *narcótico*), aludiendo al aroma de la planta. Narciso, en la mitología griega, era un joven de gran belleza, muerto de inanición al no poder dejar de contemplar su propia imagen en el río. De ahí procede el término *narcisismo.* Posteriormente, este nombre mitológico fue adoptado por los cristianos por san Narcís, supuesto obispo gerundense del siglo x, abogado de la humanidad contra la peste.
Variantes: *cat.* Narcisa; *fr.* Narcisse; *eus.* Narkise.
Narcisa Amalia, poetisa brasileña (1852-1920).

Natacha *On. 25-12*
Diminutivo ruso de Natividad. También equivalente a Natalia.
Variantes: *cat.* Nataxa; *fr.* Natacha; *ruso,* Natasha.
Nastassja Kinski, actriz de cine y modelo estadounidense de origen alemán (1960).

Natalia *On. 27-7*
Forma femenina de Natalio, a su vez, variante de Natal. Alude al día natalicio por antonomasia, el del Salvador (por lo que también se celebra su onomástica el 25 de diciembre). Muy popular en los últimos años.
Variantes: Natasha (derivado del ruso); *al.* Natalie (hip. Natasja); *fr.* Nathalie; *gall.* Natalia; *ing.* Natalie; *it.* Natascia (hip.); *eus.* Natale.

Nathalie Sarraute, escritora francesa, de origen ruso, figura destacada del *nouveau roman* francés (1902). **Nathalie Wood** (Natasha Nicholas Gurdin), actriz cinematográfica estadounidense (1938-1981). **Natalia Ginzburg**, escritora italiana (1916-1991). **Natalie Portman**, actriz de cine estadounidense, de origen israelí (1981).

Natividad   *On. 8-9*
Nombre femenino que procede del latín *nativitas*, que significa nacimiento, en alusión a la Natividad de la Virgen María.
Variantes: Nat, Nati (hips.); *cat*. Nativitat; *gall*. Natividade.
Nativel Preciado, periodista española (1948). **Nati Mistral**, cantante y actriz española (1935). **Nati Abascal Romero**, personaje de la prensa rosa española (1946).

Nazira   *S/on.*
Nombre árabe; significa 'honesta'.
Variante: Naziha.

Nekane   *On. como Dolores*
Forma eusquera de Dolores. Procede de *neké*, 'pena', 'dolor'.

Nélida   *On. como Cornelia*
Forma hipocorística de Cornelia.
Nelly Sachs, escritora sueca de origen alemán (1891-1970). **Nellie Melba**, cantante de ópera australiana (1861-1931). **Nélida Piñón**, escritora brasileña de origen gallego (†1936).

Nerea   *On. 12-5*
Nombre de una ninfa, hija del dios marino griego Nereo, adoptado más tarde por el cristianismo. Su nombre deriva de *náo*, que significa 'nadar'.
Variantes: Nereida, Nerida, Nerina.

Nicolasa *On. 6-12*
Dos sentidos fundamentales van asociados a este antropónimo: en primer lugar, por su origen en el griego *Nikoláos,* de *nikáo,* 'vencer', y *laós,* 'pueblo', alude a la heroicidad de quien personifica al pueblo vencedor; pero a este significado se suman las múltiples connotaciones positivas aportadas por san Nicolás, patrón de marinos y mercaderes muy venerado entre los griegos y en los países nórdicos, y héroe predilecto de los niños, pues su representación navideña (el holandés *Sinter Claes* dio paso a Santa Claus) se ha fundido con el Papá Noel de los católicos.
Variantes: Colea, Coleta, Nicolina; *al.* Nikolause, Niklause (hip. Klaus); *cat.* Nicolaua; *fr.* Nicole; Nicolette, Colette (hips.); *ing.* Nichole; Nicole, Nick (hips.); *it.* Nicia, Nicola, Niccola; *eus.* Nikole; *sueco,* Nils, Niels.
Nicole Courcel, actriz francesa. **Nicole Kidman**, actriz de cine y teatro australiana, esposa de Tom Cruise (1967).

Nidawi *S/on.*
Nombre de mujer omaha; significa 'alegre muchacha'.

Nidia *S/on.*
Nombre escogido por el novelista Bulwer-Lytton para un personaje de *Los últimos días de Pompeya.* Puede haber sido creado por eufonía, inspirada en el latín *nitidus,* 'luminoso'; o puede también proceder de *nidius,* 'nido', con lo que se interpretaría como 'la que pertenece al nido'.

Nieves *On. 5-8*
Advocación mariana de la Virgen de las Nieves, una de las más antiguas en Roma, conocida generalmente por santa María la Mayor. Destaca su pureza, simbolizada en el color blanco. Pero al margen de esta alusión

religiosa, el nombre rebosa resonancias positivas por el significado que la nieve ha tenido para nuestra cultura, desde la inocencia hasta la imagen de la dama inaccesible que fijó la tradición petrarquista, cuya dureza y frialdad de aspecto esconden el ardor interior, una nieve que acaso pueda ser fundida por el fuego y la pasión que despierta en el amante.
Variantes: *cat*. Neus; *gall*. Neves; *eus*. Edurne; *it*. Nives.
Nieves Herrero, periodista española (1958).

Nina *On. 15-12*
Hipocorístico de Catalina y de Ana, o de otros nombres, como Janina. Se ha propuesto también su origen hebreo, con el significado de 'gracia'. Es asimismo una fijación de un apelativo infantil en la edad adulta. La santa de este nombre era llamada 'la niña', 'la cristiana'.
Variantes: Nena; *cat*. Nina, Nena; *ruso,* Ninochka (hip.).
Nina Ricci, diseñadora de moda (1883-1970). **Nina Berberova**, novelista rusa (1901-1993). **Nina Simone** (Eunice Waymon), pianista y cantante estadounidense (1933). **Nina** (Anna Maria Agustí), cantante y actriz catalana (1965).

Níobe *S/on.*
Nombre mitológico griego de origen desconocido, símbolo del amor materno por Níobe, hija del rey de Lidia y esposa de Anfión.

Noela *On. 10-11*
Del hebreo *noah*, 'de larga vida, longevo', alusivo a la supervivencia al diluvio por parte del patriarca. O quizá de *noah*, 'reposo, descanso', por el sueño posterior a la primera libación de vino.
Variantes: *ast*. Noela; *cat*. Noèlia; *gall*. Noelia.
Noëlla Pontois, danzarina estrella en la ópera de París del siglo xx.

Noelia *On. 25-12*
Forma castellanizada de *Noël, variante* francesa de Natividad.
Variantes: *cat.* Noèlia; *gall.* Noelia; *fr. al.* Noëlle.

Noemí *On. 4-6*
Tan suave como su sonoridad, así es el significado de este antropónimo:
procede del hebreo *noam,* 'dulzura', 'delicia', que con el sufijo prono-
minal *i* da *no'omi,* 'mi delicia'. Además de la etimología y la pronunciación, incide en esta idea de dulzura el ejemplo de su referente clásico
más famoso, el personaje de la Biblia, suegra de Rut, de cuya unión con
Booz nació Obed, abuelo del futuro David, rey de Israel. Esta Noemí
quedó en la historia de Israel como prototipo de mujer que supo superar todas las adversidades y endulzar todas las amarguras.
Variantes: Nohemí; *fr.* Noémi; *it.* Noemi; *ing.* Naomi (hip.).
Naomi Campbell, *top model* británica de origen jamaicano (1971).

Nora *S/on.*
Forma hipocorística de Eleonora. En árabe, *Nora* o *Naura* es un topónimo corriente, de donde 'noria'. Nada tiene que ver, por el contrario,
con Norah, forma irlandesa de Honoria, aunque en la práctica ambas
formas son empleadas de manera indistinta.
Variantes: *al.* Norinda (con la terminación *-hild).*
Norah Lange, escritora argentina (1906-1973). **Nora Astorga**, política y diplomática
nicaragüense (1949-1988).

Norberta *On. 6-6*
Del germánico *nord-berht,* 'el resplandor del Norte'.
Variantes: *fr. ing. al.* Norberet; *eus.* Norberte.

Norma   *On.* 5-5
Del germánico *nord-mann*, 'hombre del norte'. De ahí los *norman-dos*, los pueblos que asolaron las costas europeas en la Edad Media, con procedencias diversas, en general escandinavas. El nombre se popularizó primero por un personaje de la novela *El pirata* (1822) de Walter Scott, y, sobre todo, por la ópera homónima de Bellini.
Variante: Normanda.
Norma Aleandro, actriz y escritora argentina (1941). **Norma Shearer**, actriz estadounidense, de origen canadiense (1904-1983).

Nur   *S/on.*
Nombre árabe; significa 'luz'.
Variante: Noor.
Noor de Jordania (Lisa Najeeb Halaby), reina de Jordania, esposa de Hussein (1951).

Nuria   *On.* 8-9
Algo de la magia de su origen pervive en este nombre. En Nuria, maravilloso valle del Pirineo catalán, se concentra desde tiempos inmemoriales la veneración popular a las fuerzas telúricas, expresada ya en el culto a los dioses paganos, ya como santuario cristiano dedicado a la Virgen hallada en el siglo XI en el valle homónimo. Dada la importancia de la lengua vasca en los Pirineos, el topónimo podría venir del vasco *N-Uri-a*, 'lugar entre colinas'. Se da asimismo como forma primitiva *Annuria,* que por la partícula *ur, uria,* podría intrepretarse 'corriente de agua', 'río'. Otra etimología apunta a que se haya sobrepuesto al nombre primitivo la raíz árabe *nuri,* que en femenino da *Nuriya,* 'luminosa'.
Núria Espert, actriz y directora de teatro española (1936). **Núria Furió**, autora de teatro en lengua catalana (1965). **Nuria Roca Granell**, presentadora de televisión (1972).

Obdulia   *On. 5-9*
Adaptación al latín del árabe *Abdullah*, 'servidor de Dios', por *Allah*, 'Dios', literalmente, 'lo alto', 'la divinidad'. Usado a veces impropiamente como equivalente de Odilia. Esta voluntad onomástica de sumisión a la divinidad es compartida por los pueblos árabes, judíos y cristianos: son sinónimos Abdona, Godescalca, Servidea, Teódula.

Octavia   *On. 20-11*
Nombre latino, aplicado a los hijos nacidos en octavo lugar (*Octavus*). Famoso por el primer emperador romano, el sobrino de César, Octavio Augusto, a quien Roma debió medio siglo de paz, la *pax augusta*. Variantes: Octaviana; *al.* Oktavia; *fr.* Octavie; *eus.* Otabe.

Oda   *On. 20-4*
Familia de nombres en torno al radical germánico *ead, od, audo*, 'riqueza', 'joya', 'tesoro', y, por evolución, 'propiedad', 'dueño'. Entre sus derivados, la terna Odila, Odilia, Odelia, inspirados en el francés *Odile*. Variantes: *al.* Oda, Odilie; *cat.* Oda, Odila; *fr.* Odile (hip. Odette); *gall.* Oda; *ing.* Oda, Ottilia; *it.* Ottona (hip. Ottorina).

Odette   *On. como Oda*
Forma francesa diminutiva de Oda, popularizada al inicio del siglo XX por Odette Swann, la protagonista femenina del monumento novelístico *À la recherche du temps perdu*, de Marcel Proust.

Odilia *On. 14-2*
Forma femenina de Odón y de Odín, nombre del dios germánico.
Es usada también como variante de Obdulia.
Variantes: Odilona, Odila, Otilia; *al.* Odila; *fr. ing.* Odile; *it.* Ottìlia.

Ofelia *On. 3-2*
Nombre acuñado por el escritor Jacobo Sannazaro para la protagonista de su novela pastoril *La Arcadia*, inspirándose en el griego *ophéleia*, que significa 'utilidad', 'ayuda'; retomado por Shakespeare para la protagonista femenina de su célebre tragedia *Hamlet*.
Variantes: *cat.* Ofèlia; *eus.* Ophélie; *ing. al.* Ophelia.
Ofelia Nieto Iglesias, soprano lírica española (1899-1931).

Olalla *On. como Eulalia*
Variante antigua del nombre de Eulalia. También es su forma gallega.

Olga *On. 11-7*
Este nombre encierra la idea de la divinidad. Tiene origen germánico en la raíz *hail,* 'alto, divino', y por extensión 'inmortal', que dio Helga, pero se ha incorporado a nuestra tradición onomástica a través de la forma eslava de este nombre. Su patrona, santa Olga, fue una princesa rusa del siglo X que se convirtió al cristianismo y adoptó el nombre de Elena por su admiración a la santa de este nombre, emperatriz de Roma y madre de Constantino el Grande, considerada precursora de la política de Estado en favor de los más desfavorecidos. Por esta razón algunos santorales consideran equivalentes los nombres de Olga y Elena.
Olga Guillot, cantante mexicana de origen cubano, «la reina del bolero» (1923). Olga Korbut, gimnasta soviética (1955). Olga Orozco, poetisa argentina (1920).

Olimpia *On. 15-4*
Del griego *Ol'ympios*, 'de Olimpia', lugar de la Élida donde se celebraban los juegos llamados por esta causa *Olímpicos*. Tal vez se refiera a un monte de Tesalia, el Olimpo, en cuya cumbre se situaba la residencia de los dioses. Posiblemente el nombre procede de la raíz *lamp*, 'brillante'.
Variantes: Olimpa; *cat.* Olímpia; *fr. ing.* Olympie.
Olimpia Pamfili, influyente dama italiana, llegó a controlar las finanzas papales (1594-1657). Olimpia Brown, política y sufragista estadounidense (1835-1926). Olympia Dukakis, actriz de cine estadounidense (1931).

Olivia *On. 5-3*
Del latín *oliva*; significa 'aceituna', y se aplica especialmente en alusión al huerto de los olivos de la Pasión.
Variantes: Oliva, Oliveria; *cat.* Oliva, Olívia; *fr.* Olive; *ing.* Olive, Olivia.
Olivia de Havilland, actriz estadounidense (1916). Oliva Sabuco de Nantes, filósofa y médica española (1562-1622). Olivia Newton-John, cantante y actriz estadounidense (1948). Olivia Davo, actriz y modelo estadounidense (1967).

Olvido *On. 15-8*
Advocación a la Virgen María, Nuestra Señora del Olvido.
Olvido Gara, más conocida como Alaska, cantante española (1959).

Omara *On. 16-11*
Nombre árabe, 'el constructor', por *amara*, 'edificar'. Evoca a Umar, uno de los primeros discípulos del profeta Mahoma y, como tal, uno de los principales constructores del Islam. Concurre con el hebreo *omar*, 'elocuente', así como con los germánicos Audomar (*audo-maru*, 'ilustre por la riqueza') y Gómaro (*guma-maru*, 'hombre insigne').

Onata   S/on.
Nombre de mujer iroqués; significa 'hija de la tierra'.

Ondina   S/on.
Nombre de la mitología germánica, aplicado a unos espíritus acuáticos similares a las náyades. Del latín *unda*, 'onda'.

Onfalia   S/on.
Del griego *Onphále*, y éste, de *ónphalos*, 'ombligo'. Traducible por 'mujer con un bello ombligo'. En la mitología griega, reina de Lidia, a la que Hércules sirvió como esclavo.
Variantes: *cat.* Onfàlia; *fr.* Onphalie; *it.* Ònfale.

Oria   On. *11-4*
Variante de Áurea. En la Edad Media se extendió por santa Oria (s. xi), de la que se contaba que «venció al diablo» pidiendo auxilio a santo Domingo.

Oriana   On. *25-6*
Forma latinizada de *orianus*. Significa 'dorada'. Asimismo, es variante del nombre Laura. Durante los siglos xv y xvi fue muy popular gracias al personaje de la célebre novela *Amadís de Gaula*.
Variantes: Orialda, Orianda, Oriela, Orita.
Oriana Fallaci, periodista italiana, una de las más prestigiosas del siglo xx (1930).

Oriola   On. *23-3*
En el fondo de este nombre hay oro, que en latín es *aurum*. Equivalente de Aurelio, este nombre procede del catalán Oriol y del francés Auriol. Así se denominó en catalán la pequeña ave llamada oropéndola, por su

color dorado. En la Edad Media se registran en Cataluña algunos *Auriol*, de *Oriollus;* pero la popularidad actual del nombre arranca de san Josep Oriol (1650-1702), místico, taumaturgo y sanador que llegó a ser tan amado y admirado en la Barcelona de su tiempo, que su apellido se puso de moda como un popular nombre de pila.

Orquídea *S/on.*
Nombre de flor, usado como patronímico femenino. Del griego *orchidos*, falso genitivo de *orchis*, 'testículo', en alusión a la forma de los tubérculos de la planta.

Osane *On. como Remedios*
Forma eusquera de Remedios.

Osvalda *On. 29-2*
Nombre germánico, probablemente de *os,* variante de *ans,* uno de los 'ases' o dioses, y *wald,* 'mando', puede interpretarse como 'el gobierno de los dioses'. Según otros etimologistas, el primer elemento podría ser *ost*, 'oriente', de donde procede la luz del día.
Variante: Oswalda.

P

Palmira   *On. Domingo de Ramos*
Aunque existe una Palmira, ciudad fortificada por Salomón en el desierto árabe-sirio (en hebreo *Tadmor*), el nombre es una derivación de Palma, alusivo al Domingo de Ramos en recuerdo de las palmas que los jerosolimitanos agitaban para dar la bienvenida a Jesús.

Paloma   *On. 15-8*
Del latín *palumba*, 'pichón salvaje', distinto del doméstico *columba*, por su color pálido. Nombre alegórico de la dulzura y suavidad femeninas, incorporado por el cristianismo como símbolo del Espíritu Santo.
Variantes: *cat.* Coloma; *gall.* Pomba; *fr. al. it.* Columba; *eus.* Usoa.
Paloma Picasso (Paloma Ruiz Gilot), diseñadora de joyas y perfumes (1949). Paloma San Basilio, cantante española (1950). Paloma O'Shea, mecenas de la música española (1937).

Pamela   *On. 16-2*
Nombre forjado por el poeta inglés Felipe Sidney en su poema *Arcadia* (1580), y retomado por Samuel Richardson. Seguramente inspirado en el griego *pan-meli*, 'todo miel', es decir, 'dulce'.
Pamela Harriman (Pamela Digby), diplomática y política socialista británica (1920-1997). Pamela Anderson, actriz canadiense (1967).

Pancracia   *On. 12-5*
Del griego *pan-kration*, 'la que todo lo puede', 'muy fuerte'.
Variantes: *cat.* Pancràcia, Brancada; *eus.* Pangartze.

Pascuala   *On. 17-5*
Con tal nombre se expresa el don de pasar por encima de todo sufrimiento o dificultad. La Pascua judía conmemoraba el 'paso' (*pesakh*)
del pueblo hebreo por el desierto del Sinaí. El nombre fue incorporado
por el cristianismo a la conmemoración de la resurrección del Salvador,
de donde la adjetivación latina *pasqualis*, 'relativo a la Pascua'.
Variantes: Pascasia, Pascualina; *cat.* Pasquala; *gall.* Pascoal; *fr. ing.*
Pascal; *al.* Paschal; *it.* Pasquala; *eus.* Pazkael.

Pastora   *On. 6-8*
Nombre evocador de Jesucristo (*Pastor*, uno de los títulos que le atri-
buyen los Evangelios). En femenino corresponde a la advocación ma-
riana de la Divina Pastora.
Variantes: Pástora; *eus.* Unaisa.
Pastora Imperio (Pastora Rojas Monje), cantaora y bailaora española (1889-1979).
Pastora Vega, actriz y presentadora de televisión (1956).

Patricia   *On. 25-8*
Si nobleza obliga, llevar este nombre debe favorecer el comportamiento
noble y la alta dignidad. En la antigua Roma, *patricius* designaba a los
'hijos de padre', o mejor, en sentido estricto, 'de padre de la patria' o 'de
padre rico y noble'. Esta alusión a la noble cuna se conserva en el adjetivo, que designa a la minoría autóctona y aristocrática de un lugar. Es
muy popular en Irlanda, por Patricio, su evangelizador en el siglo V.
Santa Patricia, de la ilustre estirpe de Constantino el Grande, lo abando-
nó todo para dedicarse a los pobres, y es la santa patrona de la ciudad
de Nápoles. En la actualidad es un nombre muy popular en España.
Variantes: *ing.* Patricia (hips. Pat, Patsy); *it.* Patrizia; *eus.* Patirki.

Patricia Highsmith, escritora estadounidense, figura de la narrativa policiaca (1921-1995). **Patricia Neway**, soprano estadounidense (1919). **Patricia Galvâo**, periodista, escritora y pintora brasileña (1910-1962). **Patt Moss**, corredora de coches británica (1934).

Paula   *On. 29-6*

Puede alguien ser grande, pero mostrarse pequeño por humildad, por dignidad de espíritu. A esta doble virtud alude el antropónimo Paula, que procede del latino *Paulus*, 'pequeño', y fue el nombre que adoptó el gran Saulo de Tarso (forma latina del hebreo *Sha'ul*, 'el deseado') tras su fulminante conversión al cristianismo en el camino de Damasco, como renuncia a la soberbia y señal de pobreza, debilidad y pequeñez ante el Señor. En su masculino catalán, incorpora además las bellas connotaciones de la palabra 'paz', *pau*, de la que es homónimo.

Paula es un nombre de bella sonoridad muy apreciado en estos tiempos.

Derivados: Paulina, Paulila.

Variantes:*eus. fr. ing. al.* Paule; *it.* Paola.

Paula Julie Abdul, actriz y bailarina estadounidense (1962).

Paulina   *On. 26-1*

Del latín *Paulinus*, gentilicio de Paula. Famoso en masculino por san Paulino de Nola y popularizado en el siglo XIX por Paulina Bonaparte, princesa Borghese y hermana de Napoleón, llamada Venus Bonaparte por su belleza y su disposición al erotismo.

Variantes: Pola, Polita (hips.); *gall.* Pauliña; *fr.* Pauline (hip. Paulette); *ing.* Pauline; *it.* Paolina.

Pauline Viardot, cantante francesa, amiga de Musset, Geeorge Sand, Gounod, Turgueniev (1821-1910). **Paulette Goddard**, actriz de cine estadounidense (1911-1990), segunda esposa de Charlie Chaplin.

Paz   *On. 24-1*
Del latín *pax*, 'paz', usado especialmente como advocación mariana
(Nuestra Señora de la Paz), aunque también es nombre masculino.
Variante: Päce. Sinónimos: Irene, Frida, Salomé. Se utiliza a menudo en
el nombre compuesto María de la Paz, con el hipocorístico Maripaz.
Variantes: *cat.* Pau; *eus.* Gentzane.
Mari Pau Huguet, presentadora de la televisión catalana (1963). Maria de la Pau Janer,
escritora en lengua catalana (1966). Paz Padilla, actriz y humorista española (1964).

Peggy   *On. como Margarita*
Forma hipocorística inglesa de Margarita.

Penélope   *On. 1-11*
Compuesto del griego *pene*, 'hilo', y *lopia*, 'hinchazón', aludiendo a la
tela que Penélope, paciente y fiel esposa de Ulises en la epopeya de
Homero, tejía de día y destejía de noche para contener a sus preten-
dientes. Otra versión la relaciona con *penelopes*, 'flamenco'.
Variantes: *cat.* Penèlope; *al. it. ing.* Pen, Penny (hips.).
Penélope Cruz, actriz cinematográfica española (1975).

Petra   *On. 29-6*
Del significado de este nombre da cuenta la Biblia, como de ningún
otro. Allí se dice que dijo Jesús, dirigiéndose a quien iba a ser su primer
portador: «Tú eres Simón, hijo de Jonás, pero serás llamado Cefas.» Viene
del arameo *cefas*, que significa 'piedra', traducido al griego como *Pétros*,
al latino como *Petra* y masculinizado más tarde como *Petrus*. Y el propio Jesucristo facilitó además la interpretación metafórica del nuevo
nombre: «Tú eres piedra, y sobre esta piedra edificaré mi Iglesia.» Así

transmitió Jesús a su discípulo predilecto la confirmación de su misión como conductor del gran proyecto cristiano. Es decir, la roca como símbolo de firmeza, garantía de seguridad y duración. Por el enorme prestigio de san Pedro, el primer Papa (y el único llamado así, por respeto hacia él y por la apócrifa profecía de san Malaquías, que vincula el fin del mundo con la llegada de Pedro II), el nombre se convirtió en uno de los primeros de la cristiandad. Con él se expresa la fuerza de voluntad, la determinación dura como la roca de quienes lo llevan, capaces de elevar las construcciones más fiables sobre los más sólidos cimientos.

Variantes: Petronia, Petronila, Petroquia; Perica, Nilita (hips.); *al.* Petra; *ast.* Perica; *it.* Pietra, Piera. *eus.* Pelle.

Petra Kronberger, patinadora artística alemana. **Petronila**, reina de Aragón y condesa de Barcelona, esposa de Ramon Berenguer IV de Barcelona (h. 1136-1173). **Petra Kelly**, activista alemana, fundadora del partido de los Verdes (1947-1992).

Piedad   *On. 21-11*

Nombre cristiano, alusivo a uno de los atributos de la Virgen. Del latín *pietas*, 'sentido del deber', y, de ahí, 'devoción hacia los dioses'.

Variantes: *cat.* Pietat; *gall.* Piedade; *it.* Pietà.

Pilar   *On. 12-10*

Por la Virgen del Pilar, que según cantan quiso «ser capitana de la tropa aragonesa», y por la alusión a la solidez implícita en el latín *pila,* 'pilar, pilastra', este nombre proclama el carácter fuerte y combativo de sus portadoras. Está muy extendido en Aragón, porque allí, en las márgenes del río Ebro, fue donde dice la tradición que la Virgen se apareció «en carne mortal», sobre un «pilar» de ágata, al apóstol Santiago.

Formas hipocorísticas: Pili, Pilín, Piluca.

Pilar Miró, directora de cine española (1940-1997). **Pilar Lorengar** (Pilar Lorenza y García), soprano española (1928-1996). **Pilar Cernuda,** periodista española. **María del Pilar Cuesta,** conocida como Ana Belén, actriz y cantante española (1951).

Pina   *S/on*
Contracción del nombre alemán *Philippine,* 'Filipina'.
Pina Bausch (Philippine Bausch), bailarina y coreógrafa alemana (1940).

Plácida   *On. 11-10*
Del latín *placidus,* 'plácido, suave, tranquilo, manso' (*placeo,* 'placer').
Variantes: *eus.* Palgide, Paketsun.

Poliana   *On. 10-9*
Derivado del griego *poly-ainos,* 'digna de grandes elogios', 'célebre'.
Variantes: Polena, Poliaineta; *ing.* Polyanna.

Polly   *On. como María*
Forma hipocorística inglesa de María.

Pompeya   *On. 8-5*
De la *gens* romana *Pompeius,* y etimología discutida. Tal vez proceda del numeral sabino *pompe,* 'cinco', aunque hay quien lo relaciona con el sustantivo latino *pompa,* 'solemnidad, procesión', a su vez un préstamo del griego *pompé,* que dio el nombre Pomposo, 'ostentoso, fastuoso'. Se hizo famoso por Pompeyo, general romano, rival de Julio César, vencido y muerto por éste en Farsalia en el año 48 antes de Cristo. En femenino, es también advocación mariana: la Virgen de Pompeya.
cat. Pompeia; *gall.* Pompeya; *eus.* Ponbeie.

Poncia   *On. 24-10*
Aunque se ha señalado como origen el latín *pontus*, 'mar', 'ola' parece
más probable el numeral osco *pomtis*, análogo al latín *quinque*, 'cinco'.
Variantes: Ponciana, Póntica; *cat.* Ponça, Pòncia; *eus.* Pontzene.

Porfiria   *On. 26-2*
Del griego *porphyrion*, 'con color de pórfido', o sea 'de púrpura', en
alusión a la cara rubicunda de los recién nacidos tras un parto difícil.

Presentación   *On. 21-11*
Nombre mariano, evocador de la fiesta de la Presentación de la Virgen
María en el templo. Procede del latín *praesens*, 'presente' (*prae-sens*,
que significa 'delante de los sentidos', es decir, 'a la vista').
Variantes: Presen (hip.); *cat.* Presentació; *eus.* Aurkene.

Priscila   *On. 16-1*
Se trata en realidad de un diminutivo (*priscilla*) de Prisca.
Variantes: *cat.* Priscil·la; *gall.* Priscila; *fr. ing. it.* Priscilla.
Priscilla Beaulieu, actriz estadounidense, esposa de Elvis Presley (1945).

Propercia   *S/on.*
Del verbo latino *propero*, 'progresar, marchar aceleradamente hacia
delante'. Su significado, por tanto, es 'la que progresa'.

Próspera   *On. 25-6*
Del latín *prosperus*, 'feliz, afortunado'; no parece proceder, como se ha
dicho a veces, de *pro spes*, 'conforme a la esperanza'.
Variantes: *cat.* Pròspera; *fr.* Prospere; *it.* Prospera; *eus.* Pospere.

Prudencia *On. 6-5*
Del latín *prudens*, 'prudente' en el sentido de 'avisado, inteligente, despierto' (*pro-videns*, 'que ve hacia adelante, que prevé'). Frecuentado por los puritanos, en su afán por evocar virtudes en antropónimos, como Silencio, Humildad, Abstinencia, Obediencia o Providencia.
Variantes: Prudenciana; *al.* Prudentia; *fr. ing.* Prudence; *eus.* Purdentze.

Pura *On. 8-12*
Atributo encomiástico mariano. Procede del latín *purus*, 'puro', 'sin mácula', 'casto', y es usado habitualmente como sinónimo de Pureza, Purificación o Concepción.
Pura Vázquez, poetisa española en lengua gallega (1918).

Purificación *On. 2-2*
Tanto este nombre como el de Candelaria tienen su origen en la fiesta de Purificación de la Virgen María, que se celebra cuarenta días después del nacimiento de Jesús para cerrar el período navideño, y durante la cual se celebran procesiones con candelas encendidas. Viene del griego *pyr*, 'fuego', origen asimismo de la palabra 'pira', a través del latín *purus*, 'limpio, sin mácula', contenido en la expresión *puri-factio*, 'hacer puro, purificar'. Sugiere el poder del fuego y el anhelo de pureza.
Variantes: *cat.* Purificació; *eus.* Garbiñe.
Purificación Martínez Abad, conocida como Norma Duval, artista de revista de variedades española (1956). Purificación García, atleta invidente española (1962).

Queralt *On. 2-2*
Advocación de la Virgen de Queralt, en el santuario catalán de Berga.
Su origen es prerromano y significa 'peñasco rojizo'.

Quima *On. como Joaquima*
Aféresis de *Joaquima*, forma catalana de Joaquina, habitual en Cataluña.
Variante: Quimeta.

Quintilia *On. 19-3*
Del latín *Quintilius*, significa 'nacida en quintil', o sea, en *quintilis*,
que es como llamaban en Roma al quinto mes (hoy julio, pues antes
de la reforma del calendario, marzo era el primer mes del año).

Quinta *On. 31-10*
En la antigua Roma existía la costumbre de poner por nombre a los
hijos el ordinal de su nacimiento. Del latín *Quintus*, Quinta es el
nombre que se aplicaba, por tanto, a la hija nacida en quinto lugar.

Quiteria *On. 22-5*
Nombre latino, portado por una santa venerada en Galicia, aunque parece de origen griego: *Cytherea*, epíteto de Venus, por *chiton*, nombre
de una túnica corta, de donde, también, *Chitone*, nombre de Artemisa,
diosa cazadora, y por ello, siempre ataviada con túnica corta.

R

Rafaela *On. 23-2*
Quienes así se llaman llevan en el nombre la promesa de estar libres de todo mal. Nombre hebreo, procede de *rapha-* o *repha-El*, y significa 'Dios sana', o concretamente, 'Dios te ha sanado', por su alusión a la milagrosa curación del patriarca en el relato bíblico. Junto con Miguel y Gabriel, Rafael completa la tripleta de arcángeles nombrados en la Biblia.
Variantes: Feli (hip.); *cat.* Rafela; *fr.* Raphaëlle; *ing. al.* Raphaelle; *it.* Raffaella; *eus.* Errapelle.
Raffaella Carrà, cantante y presentadora de televisión italiana (1943). **Rafaela Aparicio** (Rafaela Díaz Valiente), actriz española (1906-1996).

Ramona *On. 31-8*
La capacidad para proteger fue muy valorada entre los antiguos pueblos sajones. Pero con el nombre de Ramona se distinguía a quien protegía a la comunidad no con la fuerza de las armas, sino con la sabiduría de su inteligencia y su palabra. Del teutón *ragin-mund*, 'la que protege por el consejo'. Como acicateado por el nombre, san Raimundo de Peñafort (1180-1275), ilustre letrado, lució prudencia y consejo en la protección de la colectividad, y hoy es el patrón de los abogados. Por el prestigio de san Ramón Nonato (1204-1240), que abogó por la libertad de los esclavos, la variante «moderna» de Raimundo se hizo popular en toda España, sobre todo en Cataluña, donde convive con su variante Raimón.
Variantes: Raimunda, Raimona; Moncha. (hip.); *al.* Raimunda; *ast.* Reimunda; *fr.* Raymonde; *it.* Raimonda. *eus.* Erraimunde.

Ramos   *On. Domingo de Ramos*
Nombre cristiano, evocador de la fiesta del Domingo de Ramos, en
que Jesús fue recibido triunfalmente, con palmas, en Jerusalén.
Variantes: *cat.* Ram; *eus.* Abarne.

Raniera   *On. 17-6*
Raniera o Rainiera son formas italianas del nombre germánico
Raineria, derivado de *ragin-hari*, 'consejero del pueblo'.
Variantes: Rainiera; *ast.* Neria; *cat.* Rainera; *eus.* Errañere; *fr.* Regnière.

Raniya   *S/on.*
Nombre árabe; significa 'de dulce mirada'.

Raquel   *On. 2-9*
Con este nombre, los antiguos israelitas, pueblo nómada y pastor, ex-
presaban uno de sus bienes más preciados: la 'oveja' (del hebreo *ra-
hel*). Estas buenas connotaciones debían atraer el aprecio y la ternura
sobre la portadora del nombre, que por añadidura se enriqueció con
la bella historia de amor de Raquel, hermana de Lía y esposa predilec-
ta del patriarca Jacob. Nada tiene que ver con el germánico Raquildis.
Variantes: *fr. ing. al.* Rachel; *it.* Rachele.
Raquel Meller (Francisca Marques López), tonadillera española (1888-1962). **Raquel
Welch** (Raquel Josefina Tejada), actriz de cine estadounidense (1940). **Rachel
Carson**, bióloga, escritora y ecologista estadounidense (1907-1964).

Rea   *S/on.*
Nombre de la diosa de la Tierra, probable metátesis de *era*, 'tierra'. Rea
Silvia fue madre de Rómulo y Remo, legendarios fundadores de Roma.

Rebeca *On. 25-3*
Del hebreo *rivké*, 'lazo' (o de *ribgah*, 'vaca', animal que se ataba con un lazo), últimamente renacido en popularidad.
Variantes: *fr. it.* Rebecca; *ing.* Rebecca, Rebekah.
Rebecca West (Cecily Fairfield), periodista, novelista y activista británica (1892-1983). Rebecca De Mornay, actriz estadounidense (1962).

Refugio *On. 13-8*
Advocación mariana, alusiva a las letanías *Refugium peccatorum*, 'refugio de los pecadores'. En latín *re-fugio*, 'huir hacia atrás'.
Variantes: Cuca (hip.); *cat.* Refugi.

Regina *On. 7-9*
Aunque el origen etimológico del nombre hay que buscarlo en la palabra latina *rex* (en femenino, *regina*), 'rey', aludiendo especialmente a la Virgen María, *Regina Coeli*, parte de su popularidad se explica por su convergencia con los germánicos con componente *ragin-*, 'consejo'.
Regina Strinasacchi, violinista italiana (1764-1839).

Reginalda *On. 4-8*
Popular nombre en la Edad Media: *ragin-ald* o *ragin-wald*, 'el que gobierna por el consejo'.
Variantes: Reinalda, Reinolda; *fr.* Renaude; *ing.* Reginalde; *it.* Rinalda.

Régula *On. 11-9*
Nombre familiar corriente en la antigua Roma, aplicado también a una estrella de la constelación del Escorpión. Del latín *regulus*, 'reyecito'.
Variantes: *cat.* Règula; *eus.* Erregulle.

Reina *On. 22-8*
Forma castellana de Regina (en latín, *regina*, 'reina'). Es también advocación mariana, por las veces que la Virgen es así llamada en las Letanías.
Reyna Pastor de Togneri, historiadora hispano-argentina (1928).

Remedios *On. 3-2*
Advocación mariana, por la Virgen de los Remedios. Del latín *remedium*, que significa 'medicina, remedio'. Aplicado inicialmente como nombre masculino y confundido, por semejanza fonética, con Remigio.
Variantes: *cat.* Remei; *eus.* Osane.
Remedios Varo, pintora española (1908-1963). Remedios Amaya, cantaora y bailaora folclórica gitana (1958).

Remigia *On. 1-10*
Del latín *remiguis*, 'remero'. O quizá, derivado del nombre del pueblo de los *remi*, en la Galia, con capital en Reims.
Variantes: *cat.* Remígia; *gall.* Remixia; *eus.* Erremige, Remire.

Renata *On. 19-10*
Del latín *renatus*, 'renacido', aplicado especialmente a los catecúmenos cristianos en sentido espiritual.
Variantes: *cat.* Renata; *fr.* Renée.
Renata Tebaldi, soprano italiana (1922). Renata Scotto, soprano italiana (1933). Renée Marcelle, llamada Zizi Jeanmari, figura de la danza clásica francesa (1924).

Reyes *On. 6-1*
Nombre femenino, alusivo a la festividad de los Reyes Magos. Procede del latín *rex*, 'rey'.

Ricarda   *On. 18-9*
Fortaleza y riqueza son dos de los dones más deseados por el ser humano; por eso este nombre es, en masculino, nombre de reyes. Es un derivado del germánico *rich-hard*, y significa 'fuerte por la riqueza'. Otros especialistas escogen el significado sajón de 'poderoso, firme gobernador', al ver en el prefijo *rik* la palabra 'rey'. Ambas etimologías convienen a quien fue uno de sus más ilustres representantes, Ricardo Corazón de León, rey de Inglaterra en el siglo XII, a partir del cual este nombre pasó a ser uno de los predilectos de las casas reales británicas.
Santa Ricarda, reina francesa, esposa de Carlos el Gordo (†894). Ricarda Huch, novelista, poetisa e historiadora alemana (1864-1947).

Rigoberta   *On. 4-1*
Del germánico *ric-berht*, 'famoso por la riqueza'.
Variante: Riberta.
Rigoberta Menchú, líder indigena guatemalteca, premio Nobel de la Paz en 1992 (1959).

Rita   *On. 22-5*
Siendo el nombre que adoptó la madre de familia y religiosa del siglo XV Margarita de Cassia, invocada por su admirable carácter como 'abogada de los imposibles', es fácil que se pregone con él la fuerza de voluntad de quienes lo llevan, dotadas del valor y la tenacidad necesarias para salir adelante en toda circunstancia. En tanto que aféresis de *Marsrida*, forma germánica que fue asimilada al latino Margarita, este nombre recoge también la imagen campestre y de belleza jovial de esta flor.
Rita Hayworth (Margarita Cansino), actriz de cine estadounidense (1918-1987). Rita Levi-Montalcini, neurobióloga italoamericana (1909), premio Nobel de Medicina en 1986. Rita Moreno (Rosita Dolores Averio), actriz, cantante y bailarina puertorriqueña (1931).

Roberta *On. 30-4*
Gloria, fama y brillo eran para los pueblos germanos los términos más precisos para expresar una vida plena. En el nombre de Roberto, derivado de *hrod-berht*, coinciden dos de estas apreciadas raíces onomásticas. Significa 'famosa por la gloria' o 'la que brilla por su fama', y no es de extrañar, por tanto, su gran popularidad en la Edad Media entre los pueblos de origen germánico. A san Roberto de Molesmes (1030-1111), se debe la fundación de la orden monástica cistercense.
Variantes: Rodoberta, Ruperta; Beta (hip.); *ing.* Roberte. *eus.* Erroberte.

Rocío *On. Domingo de Pascua*
En todas las culturas, el rocío, igual que la lluvia, ha sido considerado una auténtica bendición llegada del cielo. Viene del latín *ros*, de donde *roscidus*, 'rociado, cubierto de rocío'. Nuestra tradición le concede un lugar privilegiado al asociarlo a Nuestra Señora del Rocío, la Virgen en torno a la cual se organiza la romería por excelencia. La razón es obvia: en tanto portadora del rocío, principio vital para la tierra, se le asignan a la Virgen virtudes fecundantes, como a las antiguas diosas paganas, y por ello preside el estallido vitalista de las romerías. Muy popular en Andalucía, este nombre señala a sus portadoras con la marca de la vida.
Rocío Jurado (Rocío Mohedano Jurado), cantante folclórica española (1944). Rocío Durcal, cantante y actriz española (1943).

Rogelia *On. 16-9*
Nombre medieval, *Rodegarius*, derivado del germánico *hrod-gair*, que significa 'famosa por la lanza'.
Variantes: Rogeria, Rogera; *al.* Rudigera; *cat.* Rogera; *fr.* Rogère; *gall.* Roxelia; *it.* Ruggera.

Roldana *On. 13-5*
Nombre medieval, procedente del germánico *hrod-land*, 'tierra gloriosa'. Derivó posteriormente a Rolanda, y fue asimilado a Orlanda, auqnue en realidad se trata de un nombre distinto.

Romana *On. 23-2*
Tal fue le prestigio de Roma, que su gentilicio, *Romanus,* devino primero un sobrenombre distinguido, equivalente a civilizado, por contraste con los pueblos bárbaros más allá de las lindes del Imperio, y luego un nombre de pila con el que se destacaba la digna ascendencia de su portador. El nombre de la gloriosa ciudad del Lacio a su vez quizá se explica por el etrusco *rumi*, 'popa de un barco', alusión a la situación avanzada de Roma en el río Tíber, como un barco en el mar.
Posteriormente, en España, pudo haber entrado en concurrencia con el nombre propio árabe *Rumman.*
Variantes: *cat.* Romana; *gall.* Romana.

Romea *On. 21-11*
Antiguo gentilicio de Roma (v. Romana), que pasó a designar a los peregrinos medievales que a esa ciudad se dirigían en *romería*. La forma actual parece influida por el Romeo italiano, popularizado por el drama shakespeariano *Romeo y Julieta.*
Variante: *fr.* Romée.

Romilda *S/on.*
Del germánico *hruom*, 'fama', y *hild*, 'combate'; se interpreta como 'la batalla de la fama', o 'gloriosa en el combate'. En la Edad media se extendió por la famosa condesa de Friul, quien hizo honor a su nombre.

Rómula *On. 6-7*
El fundador de Roma, Rómulo, toma su nombre del de la ciudad y no al revés (v. Romana). Pero también se ha señalado que la loba que lo amamantó junto con su hermano Remo se llamaba *Rumina*.

Rosa *On. 23-8*
En el nombre de la rosa el ser humano ha condensado su ideal de perfección. Como nombre propio, viene del latín *rosa*, 'rosa', y éste, a su vez, del griego *ródon*, aunque ha concurrido con diversos nombres germánicos con la raíz *hrod*, 'gloria'. Por su color, su aroma, su forma, su tacto, la rosa es uno de los símbolos más ricos en todas las culturas. En la cultura occidental se le ha tributado un culto especial, y se ha visto en ella desde la imagen del alma hasta la expresión de la extrema sensualidad, de modo que no es sorprendente que el nombre que la contiene sea uno de los más populares, y que haya generado todo un «rosario» de derivados: Rosalba, Rosalina, Rosalinda, Rosalía, Rosana, Rosario, Rosamunda, Rosaura, Rósula, Rosoínda.
Variantes: Rosi (hip.); *fr.* Rose; *eus.* Arroxa, Errose.

Rosa Luxemburgo, líder revolucionaria y teórica marxista alemana, de origen polaco (1870-1919). Rosa Sensat i Vilà, pedagoga española, organizadora de centros escolares (1873-1961). María Rosa Lida de Malkiel, filóloga argentina (1910-1962). Rosa Maria Sardà, actriz española (1941). Rosa Montero, periodista y novelista española (1951). Rosy de Palma, actriz cinematográfica y modelo española (1963).

Rosalba *S/on. scc. Rosa*
Antropónimo derivado de Rosa; procede de la expresión *rosa alba*, que significa 'rosa blanca'.

Rosa Alba Carriera, *Rosalba,* miniaturista, diseñadora y pastelista italiana (1675-1757).

Rosalía *On. 4-9*
Nombre evocador de las *rosalias*, celebraciones romanas en que se arrojaban rosas sobre la tumba del difunto. Asimilado a Rosalina y Rosalinda. En Galicia, donde es un antropónimo muy corriente, difundió el nombre la poetisa Rosalía de Castro.
Variantes: *cat. gall.* Rosalia; *eus.* Errosate.
Rosalía de Castro, escritora española en lenguas gallega y castellana (1837-1885).

Rosalinda *On. 17-1*
Nombre de origen germánico: *hrod-lind*, 'gloriosa por su dulzura' (cf. Linda). Contribuyó a su difusión el parecido fonético con los nombres de origen latino Rosa y Rosalía.
Variantes: Rosalina; *fr.* Rosalinde; *ing. al.* Rosalind.

Rosamunda *On. 30-4*
Nombre procedente del germánico *Rosamund*, por *hrod-mund*, 'que protege por la fama'. Identificado posteriormente con la expresión latina *rosa munda*, que significa 'rosa pura', y difundido por una ópera homónima de Schubert.
Variantes: *ing.* Rosmund, Rosamond.
Rosamond Nina Lehmann, novelista británica (1903).

Rosana *On. 22-5*
Del latín *roseanus*, 'como la rosa, rosáceo'. También es hipocorístico del nombre compuesto de Rosa y Ana.
Variantes: *al.* Rosanna; *cat.* Rosanna.
Rosanna Lauren Arquette, actriz estadounidense (1959). Rossana Rossanda, política y periodista italiana (1923).

Rosario *On. 7-10*
Adorada desde tiempos inmemoriales y en todos los lugares del planeta, la rosa tuvo un culto especial en la antigua Grecia, de donde procede su nombre (*ródon*, que dio el latín *rosa*) y de ahí pasó a impregnar toda la cultura occidental. Pero el nombre de Rosario, que por su origen significa 'rosal', 'jardín plantado de rosales' (por *rosarium*), es sobre todo evocador de la devoción mariana del rosario, y del objeto, la sarta de cuentas, que sirve para recordar el momento del rezo, práctica introducida en Europa por santo Domingo Guzmán, quien tuvo la idea de asimilar cada oración con una flor consagrada a la divinidad.
Variantes: Charo, Charín, Charito; *cat.* Roser; *eus.* Agurtne, Agurtzane.
Rosario Flores, cantante y bailarina española (1964). **Charo López** (María del Rosario López Piñuelas), actriz española (1943). **Rosario Pino**, actriz española (1870-1933).

Rosaura *S/on. scc. Rosa*
Del germánico *hrod-wald*, 'gobernante glorioso' (cf. Romualda). Identificado posteriormente con el latín *rosa aurea*, 'rosa de oro'.

Rosenda *On. 1-3*
Del germánico *hrod-sinths*, 'que va en dirección a la fama'.
Forma antigua: Rudesinda; *cat.* Rossella, Rossenda; *eus.* Errosende.

Rosvita *S/on.*
Adaptación del nombre germánico, corriente en la Edad Media, *Hroswitha*, 'mujer gloriosa'. Parece que mereció bien llevar tal gloria en el nombre Hrosvitha von Gandersheim, monja y poetisa alemana, viajera e informadora del califato de Córdoba en el siglo x.
Variantes: *al.* Roswitha; *cat.* Rosvit.

Roxana *S/on. scc. Rosa*
Del persa *Roakshna*, que significa 'la brillante'. Por similitud fonética, el nombre ha sido confundido con Rosana.
Variantes: *fr.* Roxane; *it.* Rosanna.
Roxana, protagonista de la comedia de Rostand *Cyrano de Bergerac* (1897).

Rufina *On. 19-7*
Se trata de un gentilicio (*rufinus*), que procede del nombre latino Rufo (*rufus*, 'rojo', 'de pelo rojo'), de los más populares en la antigua Roma. En la actualidad, es habitual en amplias zonas de Andalucía.
Variantes: *fr.* Rufine; *it.* Ruffina.

Rut *On. 4-6*
Pueden escoger quienes así se llaman entre dos significados igualmente positivos: la belleza y la amistad. Su etimología es incierta, pues si bien se suele dar el hebreo *ruth*, 'amistad, compañía', parece que esta interpretación es simbólica (por el personaje bíblico Ruth, quien siendo una joven viuda acompañó a su suegra Noemí hasta Belén, donde se casó con Booz y engendró al abuelo del rey David), y que su más probable origen está en *ru'th*, 'belleza'. La popularidad del personaje citado, en quien se reunían en armonía los dones de belleza y amistad que predica el nombre, fue tal en la Edad Media, que en su *Comedia* divina Dante la situó sentada a los pies de la Virgen María.
Variantes: Ruth, Rutilia; *fr. ing. al.* Ruth; *port.* Rute.
Ruth Saint-Denis, bailarina estadounidense (1880-1968). Ruth Benedict, etnóloga estadounidense (1887-1948). Ruth Berghaus, directora de ópera alemana (1927-1996). Ruth Gabriel, actriz de cine española (1975).

S

Sabina *On. 29-8*
Nombre de origen latino, alusivo al pueblo del mismo nombre, cuya unión con los latinos (simbolizada en el rapto de las sabinas) dio origen a la ciudad de Roma.
Variantes: Sabiniana; *ast. fr. ing.* Sabine; *it.* Savina; *eus.* Xabadin.
Sabine Sicaud, poetisa francesa (1913-1928). Sabine Appelmans, tenista belga (1973).

Sabela *On. como Isabel*
Forma gallega de Isabel.

Sabrina *S/on. scc. Sabina*
Del latín *severnius*, 'que vive al lado de la frontera, fronterizo', por el nombre del río Severno, que durante mucho tiempo fue la frontera entre el Imperio Romano y las tribus bárbaras (se ha relacionado el nombre del río con el de la legendaria doncella Sabra). Identificado a veces, por similitud fonética, con Sabina o con Severina.
Sabrina, protagonista de un filme de Audrey Hepburn y Humphrey Bogart (1954).
Sabrina Salerno, cantante pop italiana (1968)

Sacramento *S/on.*
Nombre cristiano. Del latín *sacramentum*, 'depósito hecho a los dioses como garantía' (*sacer*, 'sagrado'). Es indistintamente usado como masculino o femenino.
Variantes: *cat.* Sagrament; *eus.* Graziturri.

Safo   On. 21-7
Nombre originario de la isla de Lesbos, de origen desconocido, quizá relacionado con *sappheiros*, 'lapislázuli'.
Safo de Lesbos, poetisa griega (625-580 a.C.).

Sagrario   On. 15-8
Nombre femenino cristiano místico, alusivo al receptáculo del Santísimo Sacramento (*sacrarium*).
Variantes: *cat*. Sagrari; *eus*. Sagari, Oteundegi.

Salima   S/on.
Nombre árabe; significa 'sana', 'segura', y también 'amante de la paz'.

Salomé   On. 22-10
Como un cofre de bella apariencia, esta eufónica combinación de letras encierra un tesoro de significado: 'paz y salud'. Tanto es así, que su forma original se ha usado como expresión del saludo. Existe otra etimología, que en lugar de derivarlo de Salomón (por *shalom,* 'paz'), lo considera una helenización del hebreo *shalem*, 'completo, perfecto'. Sus portadoras tienen dos modelos bíblicos bien contrastados: santa María Salomé, madre de los apóstoles Juan y Jacob, «los hijos del trueno», y la joven hijastra de Herodes, famosa por sus bailes de erotismo irresistible.
Salomé (Maria Rosa Marco), cantante española.

Salud   On. 8-9
Nombre místico, equivalente a 'salvación'. Es advocación de la Virgen de numerosos santuarios, en especial en Cataluña y el País Valenciano.
Variante: *gall*. Saúde.

Salustia *On. 14-9*
Del latin *salus*, 'salud', procede el masculino *Salustius*, 'portador de salud, sano'. Son sinónimos suyos Higinia, Elvisa, Salonia, Valeria.
Variantes: Salustiana; *cat.* Salústia, Sal·lustiana; *eus.* Salustene.

Salvadora *On. 13-3*
Tomados al pie de la letra, los textos sagrados no permitían usar el nombre de Dios para otros usos que no fueran litúrgicos. Esta interpretación, en exceso celosa, del mandamiento que prohibía tomar el nombre del Señor en vano, hizo que en los primeros siglos del cristianismo se considerase irreverente ponerle a una niña el nombre de Jesusa. Quien quería honrar la figura del Hijo de Dios, Jesús de Nazaret, podía elegir el nombre de Salvadora, que no precisa explicación etimológica, y que en tanto alusivo al Salvador de todos los hombres es semánticamente equivalente a Cristo, 'el ungido'. Es popular en Italia.

Salvia *On. 10-9*
Del latín *salvus*, 'salvado', adjetivo aplicado especialmente a los nacidos tras un parto dificultoso. Contiene la raíz indoeuropea *sal, sol,* que significa 'intacto', 'sano y salvo de todo mal', y también 'bien conservado'.
Variantes: Salviana, Salvina, Salva.

Samanta *S/on.*
Del arameo *samantha*, 'que escucha'. Para otros es simplemente la forma femenina de Samuel, con lo cual, la significación pasaría a ser pasiva: 'la que es escuchada por Dios'.
Variantes: *fr. ing. al.* Samantha.
Samantha Fox, cantante y *sex symbol* estadounidense (1966).

Samara *S/on.*
Exotismo y bella sonoridad se unen para hacer de este nombre, todavía minoritario, uno de los más apreciados por las nuevas tendencias de nuestra onomástica. Para su etimología, dudosa, se propone el radical hebreo *shamar,* 'guardar', 'ocultar', 'custodiar', que vendría a proclamar el carácter discreto, prudente y previsor de sus portadoras, o también su buena disposición hacia el mundo oculto.

Samuela *On. 20-8*
Sobre el radical hebreo de este nombre, *sm,* el pueblo de Israel construyó la identidad de su Dios: con distintos apoyos vocálicos (las vocales no se escriben en esta lengua), esta raíz da, entre otros, los significados de 'nombre', 'cielo', 'grandeza' o 'excelsitud', todos ellos atributos de la divinidad. Etimológicamente parece derivado de *samu'El,* 'Dios ha escuchado', en referencia al nacimiento del personaje bíblico Sámuel, el último y más sabio de los jueces de Israel, que hizo la transición del régimen teocrático al régimen monárquico al consagrar como rey a Saúl. En masculino, este nombre tan esencialmente hebreo, ha sido y es muy popular en los países anglosajones, sin tradición antisemita; tanto es así, que el Tío Sam (su creación se debió a la asimilación de las siglas de United States con las de Uncle Sam) es alegoría de Estados Unidos.

Sandra *On. como Alejandra*
Hipocorístico italiano de Alejandra, *Alessandra,* 'la que rechaza al adversario'. Es muy corriente en Italia.
Variantes: *gall.* Xandra.
Sandra Gilbert, crítica literaria y poetisa estadounidense (1936). **Sandra Bullock,** actriz estadounidense (1971).

Sara *On. 9-10*
Ocupa un lugar destacado entre las «culturas del libro», por ser su primera portadora célebre la esposa del patriarca Abraham, de quien proceden judíos, cristianos y árabes. Esta mujer, llamada inicialmente *Saray*, 'querellante', cambió su nombre por el de *Sarah*, que significa 'princesa', a propuesta del mismísimo Yahvé. Su belleza y su carácter fueron legendarios, y ésa es la marca que ha dejado impresa en su nombre. Además, pese a ser uno de los más populares de todos los tiempos, el nombre de Sara conserva plena vigencia por su nítida y suave resonancia.
Variantes: *fr. al.* Sarah; *ing.* Sarah (hip. Sally).
Sarah Bernhardt (Henriette Rosine Bernard), actriz trágica francesa de origen judío, una de las mejores de todos los tiempos (1844-1923). **Sarah Vaughan,** cantante de jazz estadounidense (1924-1990). **Sara Montiel** (María Antonia Abad), actriz y cantante folclórica española (1928). **Sarah Margaret Ferguson**, duquesa de York (1959).

Saray *On. como Sara*
Variante de Sara, que también presenta la forma Sarai. Significa 'querellante' y fue el nombre inicial de la esposa de Abraham, antes de que éste la instase a llamarse *Sarah,* 'princesa'.

Saskia *S/on.*
Nombre neerlandés, procede del germánico *saks*, que significa 'cuchillo'.
Saskia van Uylenburgh, primera esposa del pintor Rembrandt (†1642).

Savina *On. 30-1*
Nombre latino, frecuente en la antigua Roma. Procede de *savis*, forma arcaica de *suavis*, que significa 'suave', 'agradable'. A veces se cruza con la forma Sabina, que significa 'de la raza de los sabinos'.

Sebastiana *On.* 7-6
Nombre de origen latino, *Sebastianus*, derivado del griego *sebastós*, significa 'digna de respeto, venerable', 'majestuosa' (*sebas*, 'veneración'), título que se daba al Emperador.
Variantes: *fr.* Sébastienne (hip. Bastienne); *gall. it.* Bastiana (hip.); *ing. al.* Sebastiane; *eus.* Sebaste.

Séfora *S/on.*
Nombre bíblico, de la esposa de Moisés. Su origen es hebreo, de *Zipporah*, que significa 'ave'.

Selena *S/on.*
Nombre mitológico griego: *Selene*, que significa 'la Luna'. En la mitología griega, Selene es hermana de Helio (el Sol) y de Eos (la Aurora), y amada de Endimión, de quien engendró cincuenta hijas.
Variante: Selene.

Selica *S/on.*
Del nombre germánico masculino *Salicho*, de origen desconocido (quizá relacionado con el topónimo celta *Salica*).
Selica Pérez-Carpio, actriz española (s. xx).

Selma *S/on.*
Su etimología es dudosa. Quizá de origen teutónico, interpretable como 'justa', 'limpia', 'rica'; puede significar asimismo 'la protegida de los dioses', en tanto aféresis del Anselma; y también puede ser nombre árabe, derivado, como Zulima o Salomé, del radical semita *slm,* que significa 'paz'.
Variante: Salma.

Selma O. L. Lagerlöf, novelista sueca, premio Nobel en 1909, fue la primera mujer que ingresó en la Academia sueca (1858-1940). **Salma Hayek,** actriz de cine mexicana (1968).

Serafina   *On. 12-3*

Uno de los nueve coros angélicos definidos por santo Tomás de Aquino. Del hebreo *saraf,* 'serpiente' (plural *saraphim*), por la serpiente de bronce usada como amuleto curativo por los judíos en el Arca de la Alianza. Variantes: *al.* Seraph; *fr.* Séraphine; *ing.* Seraphin; *eus.* Serapiñe.

Séraphine Louis, *Séraphine,* pintora francesa (1864-1934).

Serena   *On. 6-8*

Emana de este nombre la calma de espíritu y el gesto sosegado, por el latín *serenus* : 'sereno', 'claro', 'apacible', 'tranquilo' (de donde su actual uso honorífico: 'Su Alteza Serenísima'). Se proponen dos etimologías coincidentes en el resultado. Por un lado, el sustantivo griego *eiréne,* 'paz', que también dio el bello nombre de Irene, y por otro, el adjetivo griego *xéros,* 'seco'. Pero referidos al cielo ambos términos, vienen a significar lo mismo: un cielo en paz y seco, es decir, sin tormentas ni nubes, y, por extensión, despejado, claro, alegre y luminoso.

Serena Vergano, actriz cinematográfica hispano-italiana (1940). **Serena Williams,** jugadora de tenis estadounidense (1981).

Severa   *On. 6-11*

Si bien el significado de este nombre es hoy claro, pues coincide con el del adjetivo *severus,* 'severo, riguroso, serio', sobre su origen etimológico se proponen dos lecturas. Puede proceder del latín *verus,* 'verdadero, auténtico', o de *saevus,* aplicado a los animales para resaltar su bravura. Variantes: Severina, Severiana (del gentilicio *severianus*); *eus.* Seberiñe.

Sharon S/on.
Nombre inglés, de origen hebreo; significa 'sencilla', 'clara'.
Sharon Stone, actriz cinematográfica y modelo estadounidense (1958).

Sheila On. como *Celia*
Nombre irlandés. De *Sile*, antigua adaptación de Celia. Posteriormente, asimilado a otros nombres afines: así, en la misma Irlanda, a Julia, y en Inglaterra a Shela, nombre bíblico citado en el Génesis.
Sheila Scott (Sheila Christine Hopkins), aviadora británica (1927-1988).

Sibila On. 29-3
Nombre procedente del de la profetisa adivina, especialmente la de Cumas. Del griego *Sybylla*, de *Siós* (forma dórica de 'Júpiter', 'Dios'), y *bulé*, 'voluntad' o 'consejo': 'voluntad de Dios', 'consejo de Dios'. Variantes: *cat.* Sibil·la; *fr.* Sybille.
Sybil Sanderson, cantante de ópera estadounidense (1865-1903). Cybill Shepard, actriz de cine y televisión estadounidense (1950). Sibylla Sorondo, modista española (1963).

Sigrid S/on.
Variante sincopada de Sigfrido, usada como femenino. El nombre se hizo popular por la compañera del héroe de cómic Capitán Trueno.
Sigrid Udset, novelista noruega de origen danés, premio Nobel en 1928 (1882-1949).

Silvana On. 5-5
Nombre originariamente italiano, extendido en España por el cinematógrafo. Del latín *silvanus*, 'de la selva, silvestre'.
Silvana Mangano, actriz cinematográfica italiana (1930-1989). Silvana Pampanini, actriz cinematográfica italiana (1925).

Silvia *On. 3-11*
Entre los antiguos romanos, pronunciar este nombre era evocar un sinfín de figuras que poblaban sus bosques y su imaginación. Procede del latín *silva*, 'bosque', palabra intensamente connotada donde se cruzan los campos semánticos de la 'vida en plenitud' y la 'frondosidad', del misterio telúrico, de la naturaleza en estado salvaje y de la capacidad del ser humano para adaptarse a ella. Dado como sobrenombre a la legendaria *Rhea Silvia*, madre de Rómulo y Remo, los gemelos fundadores de Roma, el antropónimo acabó de consolidar un prestigio mantenido durante milenios.
Variantes: *cat.* Sílvia; *fr.* Sylvie; *gall. al. it.* Silvia; *ing.* Sylvia; *eus.* Silbe.
Sylvie Vartan, cantante francesa (1942). Silvia Koscina, actriz de cine italiana (1933-1994). Sylvia Plath, poetisa estadounidense (1932-1963). Silvia Pinal, actriz de teatro, cine y televisión mexicana (1932).

Simeona *On. 18-2*
Nombre hebreo. La madre del patriarca Simeón, Lía, dijo al alumbrarlo: 'Dios me ha escuchado' (*samá*), según etimología popular, aunqué el auténtico significado del nombre parece ser 'el que cumple un voto'.
Variantes: Simona; Ximena (ant.); *fr.* Siméone, Simone.
Simone de Beauvoir, escritora francesa (1908-1986), compañera sentimental de Jean-Paul Sartre. Simone Ortega, gastrónoma española (1919). Simone Weil, filósofa, escritora y política francesa (1909-1943). Simone Veil, abogada y política francesa (1927).

Sinead *S/on.*
Nombre inglés, de origen gaélico; significa 'graciosa'.
Variantes: Sine, Jane, Janey.
Sinead O'Connor, cantante irlandesa (1966).

Socorro   *On. 27-6*
Se trata de una famosa advocación mariana, a la Virgen del Perpetuo Socorro, pues para los cristianos una de las más apreciadas misiones de la Madre de Dios ha sido tradicionalmente la de prestarles auxilio en los momentos de apuro. Del latín *sub currere*, 'correr por debajo, so-correr', en el sentido de acudir diligentemente en ayuda de quien lo necesita.
Variantes: Corín (hip.); *cat.* Socors; *eus.* Sorospen.
Corín Tellado (María del Socorro Tellado), escritora de novela rosa española (1926).

Sofía   *On. 18-9*
Es el nombre de un ideal inalcanzable. En Grecia *sophía* era la 'sabiduría', ese objeto de deseo de todo ser humano, pero en especial de los pensadores, llamados precisamente *filo-sophós* por su atracción hacia ella.
Variantes: *fr.* Sophie; *ing. al.* Sophia, Sophe, Sophy; *eus.* Sope.
Sophia Loren (Sofia Scicolone), actriz italiana (1934). **Sofía de Grecia**, reina de España (1938). **Sophie Marceau**, actriz de cine francesa (1966).

Sol   *On. 3-12*
Del latín *Sol*, el astro y dios. Es en principio masculino, aunque se ha ido feminizando por la Virgen del Sol (Soledad), en Andalucía.
Variante: *eus.* Eguzki.

Soledad   *On. Viernes Santo*
Advocación mariana, recuerda la soledad de la Virgen en la Pasión de su Hijo. El nombre está sensiblemente teñido de ese paisaje interior del alma, y con él se ha cantado la situación de recogimiento que suele preceder a la maduración personal y a las creaciones del espíritu.
Variantes: Chole, Sole (hips.); *cat.* Soledat; *gall.* Soledade; *eus.* Bakarne.

Soledad Gustavo, maestra y periodista española (1866-1939). **Soledad Bravo,** cantautora venezolana de origen español (1943). **Soledad Puértolas,** escritora española (1947).

Sonia *On. como Sofía*
Pese a tratarse de un hipocorístico ruso de Sofía, 'sabiduría', este nombre ha adquirido carta de naturaleza en nuestra tradición onomástica.
Sonja Henie, patinadora noruega (1912-1969). **Sonya Rykiel,** diseñadora de moda *prêt-à-porter* de lujo francesa (1930). **Sonia Braga,** actriz de cine brasileña (1951).

Sonsoles *On. 8-9*
Nombre de la Virgen patrona de Ávila, muy usado en esa zona como patronímico. Es deformación de *San Zoles*, forma antigua de Zoilo.

Susana *On. 11-8*
Toda una armonía de contrarios encerrada en un nombre. Procede del hebreo *shus,* 'lirio blanco' y *hannah,* 'gracia', emparentado además con la azucena, por el árabe *a-suçena,* de modo que este nombre encierra la idea de pureza, inocencia y virginidad. Confirma este significado su portadora más célebre en la antigüedad: la casta doncella bíblica falsamente acusada de adulterio. Pero siendo como es símbolo de generación, esta flor afrodisíaca linda asimismo con el extremo contrario, en tanto expresión de un acentuado erotismo.
Variantes: Sana, Susan; Susi (hip.); *cat.* Susagna, Susanna; *fr.* Suzanne; *ing.* Susannah (hips. Susie, Sue); *al. it.* Susanna; *húng.* Zsuzsa; *eus.* Xusana.
Suzanne Lenglen, tenista francesa, considerada la «reina del tenis» (1899-1938). **Susan Sontag,** escritora, directora de cine y una de las voces más acreditadas de la intelectualidad estadounidense (1933). **Susan Sarandon,** actriz de cine estadounidense (1946).

T

Tabita *On. 25-10*
Procede directamente del arameo *tabitha*, que significa 'gacela'. En la Biblia, cristiana de Joppé «rica por las buenas obras y las limosnas que hacía», resucitada por san Pedro.
Tabitha Gilman Tenney, escritora estadounidense (1762-1837).

Tajira *S/on.*
Nombre árabe; significa 'pura', 'casta', y también, 'serena',
Variantes: Sahira, Safira.

Talía *S/on.*
Del verbo griego *thállo,* 'florecer', significa 'la vigorosa', 'la abundante'. Fue el nombre de varias divinidades de la mitología griega, principalmente una de las nueve Musas, la que preside el arte de la comedia y de la poesía ligera, y una de las tres Cárites, que simbolizan la alegría de la naturaleza manifestada en la exuberancia de la vegetación.

Taliba *S/on.*
Nombre árabe; significa 'mujer estudiosa', 'la amante del saber'.

Tamara *On. 1-5*
Nombre bíblico. Del hebreo *thamar*, 'palmera'. Se llamó así la hija de David, violada por su hermano Amón.
Variantes: Tamar.

Tamara Karsavina, bailarina británica de origen ruso (1885-1978). **Tamara Tumanova**, bailarina rusa (1919). **Tamara Lempicka**, pintora polaca (1898-1980).

Tania   *On. 12-1*

Forma familiar sincopada de Tatiana, grafía rusa de Taciana. También es gentilicio de Tacio, el legendario rey de los sabinos que reinó con Rómulo (de la voz infantil *tata*, 'padre'). En la mitología eslava, se llama así la reina de las hadas. Es un nombre muy popular en Rusia. Variantes: Tanya; *cat.* Tània; *ruso,* Tanechka (hip.).

Tanya Tucker, cantante country estadounidense (1958).

Tarasia   *S/on.*

En masculino, fue el nombre de un adivino griego. De la raíz *Thariasios*, que hallamos en Teresa (v.). Según parece, procedería de *thereios*, 'animal salvaje', lo que hace interpretarlo como 'cazador'.

Társila   *On. 24-12*

Como Tarsicio, del griego *tharsos*, 'valor', quizás en diminutivo latino.

Tarsila do Amaral, escritora, pintora y escultora brasileña (1910).

Tasia   *On. como Anastasia*

Popular forma hipocorística de Anastasia.

Tatiana   *On. 12-1*

Forma rusa de Taciana, fiel a la grafía original (*Tatiana*, gentilicio de *Tatius*, rey de los sabinos; quizás, a su vez, de la voz infantil *tata*, usada para significar 'padre').

Tatiana Riabuchinska, bailarina estadounidense de origen ruso (1916).

Tea *On.* 25-7
Nombre germánico: de *theud*, 'pueblo'. También es hipocorístico de Dorotea, Teodora, Teofrasta, y otros.
Variante: *cat.* Teia.
Tea Leoni, actriz y modelo estadounidense, esposa de David Duchovny (1966).

Tecla *On.* 23-9
Santa Tecla, convertida por san Pablo y varias veces sometida a tormento por su fe, alcanzó sin embargo los noventa años. Su nombre nada tiene que ver con la *tegula* ('tecla') latina, sino que procede del griego *Théos-kleos*, 'gloria de Dios'.
Variantes: *gall.* Tegra; *ing. al.* Thekla; *eus.* Tekale.

Telma *On.* 14-4
Femenino del sobrenombre de san Erasmo, primero, y después de san Pedro González: *Sant-Elmo*.
Variantes: Thelma; *cat.* Elma; *gall.* Telma.

Telva *On. como Etelvina*
Forma asturiana de Etelvina.

Teodora *On.* 11-2
Expresión de júbilo y agradecimiento ante el nacimiento de un nuevo ser: del griego*Theodoros*, significa 'don de Dios'. Muy popular en Rusia, donde se transformó en el antropónimo Feodora. Deriva también del mismo origen el apellido Tudor, dinastía inglesa del siglo XVI.
Variantes: Dora, Tea, Dorita (hips.); *al.* Theodora; *fr.* Théodore; *ing.* Theodore (hip. Teddy); *eus.* Todore.

Teodora, emperatriz de Oriente, amante y después esposa de Justinano (h. 500-548). **Teodora Lamadrid**, actriz española (1821-1896).

Teodosia *On. 2-4*
Del mismo significado que Teodora: en griego *Theodósios*, 'dádiva de Dios'. Es también equivalente a Teódota. Popular en la Edad Media desde el siglo VI por Teodosia, primera esposa de Leovigildo, rey de los visigodos, y madre de san Hermenegildo.

Teófila *On. 28-12*
Nombre muy frecuente en otras épocas, hoy casi olvidado. Del griego *Téophilos*, 'amigo de Dios'.
Variantes: *fr.* Théophile; *ing. al.* Theophila; *it.* Teofila; *eus.* Topille.

Terencia *On. 10-4*
Del latín *Terentius*, portado por una familia romana. Aludía al *terentum*, lugar del campo de Marte destinado a la celebración de Juegos (y esta palabra, de *teres*, 'delicado', 'fino', 'tierno').
Variantes: *cat.* Terència, Trens; *fr. ing.* Terence (hip. Terry); *eus.* Terentze.

Teresa *On. 15-10*
Aunque es uno de los nombres más apreciados en España, su origen y significado distan mucho de ser claros. Se han propuesto muy distintas etimologías, sin suficiente garantía, entre ellas la que lo deriva del griego *therídso,* 'cosechar, segar', evolución de *théros,* 'cosecha veraniega, verano', interpretable como 'la que cosecha', o incluso 'ardiente como el verano'; la que lo remite al griego *theráo,* 'cazar', cuyo futuro, *theráso,* convertiría a Teresa en 'la cazadora'; o la que da como origen el verbo

téreo, 'guardar, vigilar', cuyo sustantivo *téresis* significa 'prudencia, vigilancia'. Se lo relaciona asimismo con varios topónimos y a veces con el femenino del nombre del adivino mitológico griego *Tharesios*. En todo caso, sólo fue usado en Castilla hasta que conoció expansión universal gracias a santa Teresa de Jesús (1515-1582), por lo que el significado de este nombre pasó a evocar la mezcla de sencillez, espontaneidad, fervor místico y tenacidad que distinguió a la santa abulense.

Variantes: Tere, Teta, Resi, Sita (hips.); *al.* Theresia, Therese (hips. Rese, Resi); *ast.* Taresa; *fr.* Thérèse; *gall.* Tareixa, Tereixa; *ing.* Theresa (hips. Tessa, Tess, Tessie, Terry); *eus.* Terese; Trexa (hip.).

Teresa Claramunt, política anarquista española (1862-1931). **Teresa de Calcuta** (Agnes Gonxha Bojaxhiu), misionera macedonia, de origen albanés (1910-1997). **Teresa Berganza**, cantante lírica mezzosoprano española (1935). **Teresa Pàmies**, política española y escritora en lengua catalana (1919).

Thais   *On. 8-10*

Nombre de origen incierto, quizá derivado de *thais*, una especie de vendaje para la cabeza, y por extensión, 'ornamento'. Su patrona, santa Thais, fue una cortesana egipcia del siglo IV convertida al cristianismo, anacoreta, inspiradora de una novela de Anatole France (1890) y una ópera de Jules Massanet (1894).

Thais, amante de Alejandro Magno y, después, de Tolomeo (s. IV a.C.).

Ticiana   *On. 16-1*

Nombre latino, considerado como gentilicio romano. De origen incierto, quizá relacionado con el *Tibur* (Tívoli, barrio de Roma en la colina del mismo nombre). O tal vez gentilicio de Tito.

Variantes: *fr.* Titienne; *it.* Tiziana.

Timotea *On. 26-1*
Del griego *timao-Theos*, 'amor, adoración a Dios'. Con los mismos elementos, en orden inverso, se forma Teótima. La palabra *timáo*, 'honrar, rendir culto', también dio el antropónimo Timón, hoy en desuso. El nombre designaba entre los cristianos a aquella que era digna de fiar, en quien se podía depositar la confianza por su fidelidad a la ley divina. Su patrón san Timoteo, discípulo predilecto de san Pablo, y destinatario de dos de sus epístolas, confirma la interpretación de este nombre.
Variantes: *al.* Timothea; *fr.* Timothée; *eus.* Timote.

Tirsa *On. 24-1*
Nombre latino de la palabra griega *thyrsos*, bastón guarnecido de hojas de parra y utilizado con carácter mágico-religioso en las bacanales para simbolizar al dios Baco.

Tirza *S/on.*
Nombre hebreo, de *tirtzah*, 'delicia' (cf. Noemí). En la Biblia, es el nombre de una de las hijas de Celophehad.

Tomasa *On. 21-12*
En arameo, lengua en la que predicó Jesús, significa 'gemelo, mellizo', helenizado como *Didymos;* pero en la Biblia, *Thoma* fue el apóstol incrédulo, y su nombre es uno de esos cuyo significado debe más a la huella que han dejado en él sus primeros portadores, que a su etimología. Ese no creer sin antes ver y tocar, ese «meter el dedo en la llaga», prefigura el afán inquisitivo, la búsqueda del saber, que ha caracterizado a varios portadores históricos de este nombre, como santo Tomás Becket o de Canterbory, santo Tomás Moro o santo Tomás de Aquino.

Variantes: *fr. al.* Thomase; *ing.* Thomase (hips. Tom, Tommy); *it.* Tomasa (hip. Masa); *eus.* Tome, Tomaxe.

Tomasa Aldana, dama de la reina Mariana y amante de Felipe IV (s. XVII).

Torcuata *On. 15-5*
Femenino del latín *Torquatus*, 'adornado con un collar', por *torques*, 'collar' o 'brazalete', derivado del verbo *torqueo*, 'girar, hacer girar, torcer, rodar'. Esta misma raíz está presente en palabras como 'tormento' y 'tortura'. Según la tradición, el primer portador fue un guerrero romano, quiere tras adornarse con el collar de oro de un galo al que había matado en combate, recibió el sobrenombre de Torcuato.
Variantes: *cat. it.* Torquata; *gall.* Torcada; *eus.* Torkore.

Tracy *On. como Teresa*
Forma hipocorística inglesa de Teresa.

Tracy Chapman, cantautora estadounidense (1964).

Trinidad *On. domingo después de Pentecostés*
Nombre místico, evocador de la 'reunión de tres' (en latín, *trinitas*) en que se resuelve Dios para los cristianos. Utilizado como masculino y femenino, especialmente en Hispanoamérica, y a menudo en el nombre compuesto María de la Trinidad, con el hipocorístico Maritrini.
Variantes: Trini (hip.); *cat.* Trinitat; *gall.* Trinidade; *eus.* Irune.

Tristania *On. 12-11*
Nombre muy controvertido: para unos es celta, de *drest*, 'ruido, tumulto', o de *trwst*, 'mensajero, heraldo'; para otros, germánico, derivación del nombre de Thor, dios de la guerra, con *stein*, 'piedra': 'gema de

Thor'. Injertado posteriormente de otras influencias: un hijo de san Luis de Francia fue llamado así por la 'tristeza' de su madre en los días del nacimiento. Su máxima celebridad arranca del romance *Tristán e Isolda*.

Variantes: *cat.* Tristanya; *fr.* Tristanne; *ing.* Tristrame.

Tristana, personaje de una película de Luis Buñuel (1970).

Tula *On. como Gertrudis*
Popular variante hipocorística de Gertrudis.

Tulia *On. 19-2*
Existía en Roma una tradición por la que el *pater familias* alzaba al recién nacido que iba a criar. Tal vez el nombre Tulia sea vestigio de esta costumbre, pues procede del latín arcaico *tulo, tullo,* de *tollo,* 'levantar'. El genitivo *Tullius* significa 'perteneciente a Tullus' y fue el nombre de una familia ilustre romana.

Variante: *cat.* Túl·lia.

U

Ubalda *On. 16-5*
Nombre germánico, *Hugbald,* popular en Italia. Sus dos elementos son *hugu,* 'inteligencia', 'pensamiento', y *bald,* 'osado', presente en el adjetivo inglés *bold.* Significa 'de espíritu audaz'.
Variantes: Balda (hip.); *eus.* Ubalde.

Ulima *S/on.*
Nombre árabe; significa 'llena de sabiduría'.

Ulrica *On. 19-4*
Antiguo nombre anglosajón, posiblemente *Ulfric* o *Wulfric,* compuesto de *wulf,* 'lobo', y *rik,* 'jefe, poderoso'. Interpretado por extenso este nombre daría 'la caudilla guerrera poderosa y agresiva como un lobo'. Pero se han propuesto igualmente otras fuentes: *ald-ric,* 'gobernante poderoso', *ulda-ric,* 'voluntad poderosa', y tal vez, también, una transliteración de éste, que daría *udal-ric,* 'patria poderosa'.
Variantes: Ula (hip.); Uldarica, Udalrica; *al.* Ulrike; Ulka (hip.); *fr.* Ulrique; *ing.* Ulricke.
Ulrika Johansson, más conocida como Mina Canth, autora dramática y novelista finesa. **Ulrike Maier,** esquiadora austríaca (1967-1994).

Umberta *On. 5-8*
Grafía italiana, con pérdida de la *h* inicial, de Humberta, que significa 'el brillo del cachorro'.

Urbana *On. 30-7*
Del latín *urbanus*, 'de la ciudad' o *urbs*, interpretado como 'pulida, bien educada', que se contrapone a *rus*, 'rústica, del campo'.
Variantes: Urbe, Úrbez, Úrbica, Urbicia; *fr.* Urbaine; *eus. ing.* Urbane.

Ursina *On. 9-11*
Procede del latín *Ursinus*, patronímico de Urso, y éste, de *ursus*, 'oso'. En las lenguas germánicas, este antiguo nombre indoeuropeo para el oso, presente, por ejemplo, en el sánscrito, en el griego y en el gaélico, será sustituido por *berin*, que originariamente significaba 'pardo', cuando se vuelva impronunciable por tabú religioso, al ser lo nombrado, el oso, un animal relacionado con el demonio.
Variante: *eus.* Urtsiñe.
Anne-Marie de la Trémoille, dama francesa, princesa de los Ursinos, ejerció gran influencia en la política española hasta ser expulsada por Isabel Farnesio (1672-1742).

Úrsula *On. 21-10*
Es uno de los muchos derivados de Urso (del latín *ursus*, 'oso'). *Ursula*, 'osita'. Otros: Urséola, Ursina, Ursicia, Ursicina, Ursinara, Ursiona, Ursmara, Ursmera, Ursulina. Nombre asociado a «las once mil vírgenes» (cuyo número real parece que sería simplemente once) ejecutadas en el siglo IV junto con santa Úrsula en Colonia por los hunos.
Variantes: *fr.* Ursule; *ing. al. it.* Ursula; *eus.* Urtsule.
Ursula Andress, actriz de cine estadounidense, de origen suizo (1936). Ursula Bloom, novelista y autora dramática británca (1892-1984).

V

Valentina *On. 25-7*
Gentilicio femenino de Valente, a partir de *Valentinus*. Además de su significación etimológica, alusiva al valor y a la fortaleza, este nombre ·está fuertemente connotado por la figura de su patrón, san Valentín, sacerdote romano del siglo III, martirizado por haber casado en secreto a cientos de parejas, lo cual iba en contra del Imperio, ya que despistaba a los muchachos de su dedicación a la milicia. La fiesta de este santo, día de los enamorados, es la cristianización de las ancestrales fiestas de la fertilidad paganas, que anunciaban la venida de la primavera.
Variantes: *eus.* Balendiñe, Ventina; *fr. ing.* Valentine; *it.* Vallentina.
Valentina Tereshkova, primera cosmonauta soviética (1937).

Valeria *On. 28-4*
Femenino del latín *valerus*, 'que vale', 'sana, saludable'.
Gentilicio: Valeriana. Variantes: Valera; *cat.* Valèria; *fr.* Valérie; *eus.* Balere, Balereñe; *ing.* Valerie.
Valeria Mesalina, emperatriz romana, esposa de Claudio (15-48). Valeria Mazza, *top model* argentina (1972). Valeria Golino, actriz y modelo italiana (1966).

Vanesa *S/on. scc. Verónica*
Creado por el escritor inglés Jonathan Swift para Esther Vanhomringh, fundiendo la primera sílaba del apellido con un hipocorístico de Esther. Ha sido identificado a veces, por similitud fonética, con Verónica.
Variante: Vanessa.

Vanessa Bell, pintora británica ligada a la abstracción, hermana de Virginia Woolf (1879-1961). **Vanessa Redgrave**, actriz de cine y teatro británica (1937).

Velasca *S/on.*
Nombre medieval, al parecer derivado de Blasca o Balasca, y éstos, del teutón *bela*, 'cuervo'. Puede tener asimismo un remoto origen eusquera (Belasco se conserva como apellido sefardita): de *belas*, 'prado' (el radical *b* significa 'lo más bajo'; *el*, 'la ladera; y *as*, 'vegetación abundante') y *-ko*, partícula que indica procedencia; significa, así pues, 'aquel que viene del prado'. Su patronímico es Velázquez.
Variante: *gall.* Vasca.

Venancia *On. 1-4*
Evolución del latín *Venantius*, de *uenans*, 'la que caza', 'cazadora', que a su vez procede del verbo *uenor*, 'perseguir la jabalina', 'cazar'. La misma raíz está presente en el avéstico *vanaiti*, 'conquista' y en el inglés *to win*, 'ganar', por lo que podría interpretarse también como 'vencedora'.

Venus *On. 6-5*
Amor y belleza van juntos, siempre, en este nombre, el de la diosa romana del deseo (del sánscrito *van*, 'desear'), el amor y la belleza, equivalente a la Afrodita griega. Si bien para algunos etimologistas significa 'ornamento', está claro que la asociación posterior con el verbo latino *venire*, 'venir', derivación de *van* con su mismo sentido de 'desear', 'deseable' y 'seductora' (genera un «movimiento» hacia ella), así como la fuerte impronta de Venus, madre de toda fecundidad y modelo de toda belleza, es lo que han dotado de significado a este antropónimo.
Venus Ebone Starr Williams, jugadora de tenis estadounidense (1980).

Vera *On. 1-8*
Del latín *verus*, 'verdadero', aplicado especialmente por alusión a la
Vera Cruz. En ruso, está misma palabra significa 'fe'.
Vera Inber, poetisa y escritora rusa (1890-1972). Vera Panova, escritora rusa (1905-1973).

Verena *S/on.*
Nombre germano; significa 'protectora'.
Variantes: Verina, Verni.

Verónica *On. 10-7*
Dos orígenes principales se dan para este bello nombre. Por un lado, parece ser una deformación de Berenice, nombre de reinas de Judea, Siria
y Egipto (forma macedonia del griego *bereniké,* 'la que lleva la vitoria') y
que se conserva en la constelación boreal Cabellera de Berenice. Por
otro, Verónica era el nombre de la mujer que se compadeció de Jesús camino del Calvario y secó su rostro con el célebre lienzo donde quedó
marcada la cara de Cristo; y de ahí la supuesta interpretación *vera-eikon,*
palabra mixta greco-latina que significa 'auténtica imagen'.
Variantes: *al.* Veronika; *fr.* Véronique; *ing.* Veronia; *eus.* Beronike.
Louise Veronica Ciccone, *Madonna,* cantante de rock y *sex symbol* estadounidense
(1858). Veronica Lake (Constance Ockelman), actriz de cine estadounidense (1919-1973).
Verónica Forqué, actriz española (1955). Verónica Blume, modelo española (1970).

Vicenta *On. 25-5*
Destinada a vencer; tal era la promesa dada a quienes al nacer les era
puesto este nombre, que procede de *Vincens,* participio presente del
verbo latino *uinco,* 'vencer'. Dicen los etimologistas que está sacado del
Apocalipsis: «Al que venza (*Vicenti*) le daré un maná escondido, y una

piedrecilla blanca, y escrito en ella un nombre nuevo que nadie conoce, sino quien lo ha recibido.» Su patrón, san Vicent Ferrer, esclesiástico y escritor valenciano (1350-1419), fue ejemplo de esta capacidad de triunfo, por su fuerza magnética, carisma y don de lenguas legendarios. Variantes: *cat.* Vicença; *fr. ing. al.* Vicent; *it.* Vincenza; *eus.* Bingene, Bikende, Mikelde, Bixintxa, Bixente.

Victoria *On. 8-9*
Haber nacido para vencer ha sido un don muy valorado en todos los tiempos y lugares. Ya los griegos y los romanos tuvieron por diosa a la Victoria, y del latín procede *Victor*, 'vencedor', uno de los rasgos semánticos más repetidos en los antropónimos. En su origen etimológico, tiene afinidad con el participio *vinctus*, 'atado, dominado', y con el sustantivo *victus,* 'alimento'. En la Edad Media cambió el objeto del triunfo, y la interpretación cristiana se impregnó de la victoria de Jesucristo y de sus seguidores sobre el pecado. Pagano o cristiano, ser un vencedor sigue siendo el ideal del presente, y el nombre que lo proclama es apreciado y muy popular por su significado y su rotunda sonoridad. Nuestra Señora de la Victoria es una advocación de la Virgen para commemorar las grandes batallas. En nuestra época se hizo popular por el prestigio de Victoria I, reina de Inglaterra, Gales, Escocia e Irlanda y emperatriz de la India (1819-1901), una mujer que dio nombre a su época.
Gentilicio: Victoriana. Variantes: Vicencia, Victores, Victorina, Victura, Victoricia; Vicky (hip.); *it.* Vittoria; *eus.* Bittori, Garaiñe.
Victoria de los Ángeles, cantante lírica soprano española (1924). **Victoria Camps,** filósofa y política española (1941). **Victoria Kent,** abogada y política española (1898-1987). **Victoria Abril** (Victoria Mérida), actriz cinematográfica española (1959). **Victoria Ocampo,** escritora y viajera argentina (1891-1979).

Vilma   *On. como Guillermina*
Forma hipocorística de Guillerma.
Vilma, personaje de la serie televisiva de dibujos animados *Los Picapiedra*. **Wilma Rudolph**, atleta estadounidense (1940-1994).

Violante   *On. 28-12*
Del germánico *wioland*, 'riqueza', 'bienestar', atraído posteriormente por Violeta a la forma actual. Significa 'la riqueza del país' o 'la que procede del país próspero'. Se usa sobre todo en Cataluña, donde a veces se da como variante de Yolanda, y donde fue célebre Violant d'Hongria (1216-1251), esposa del rey Jaume I el Conqueridor.

Violeta   *On. 3-5*
Del latín *viola*, 'violeta', a través del nombre Viola. Alude a la virtud cristiana de la modestia, simbolizada en la flor. Muy popular en Escocia. Variantes: Iola, Ione; Io (hip.); *cat.* Violeta; *fr.* Violette, Yolette; *ing.* Violet; *it.* Violetta.
Violeta Parra, cantautora, poeta y pintora chilena 1917-1966). **Violeta Barrios de Chamorro**, política nicaragüense (1929). **Violette Leduc**, novelista francesa (1913-1972).

Virginia   *On. 14-8*
En Roma, la etapa de edad entre la *puella* o niña y la *matrona* o mujer casada se denominaba *virgo,* que era la mocita casadera. Del latín *virginius*, 'virginal', Virginia significa, por tanto, 'muchacha joven, en la flor de la edad, antes de casarse'. El nombre del Estado norteamericano se originó en Isabel I de Inglaterra, llamada «la reina virgen» no tanto por su celibato, sino porque ninguna de sus relaciones cuajó en matrimonio. Variantes: *cat.* Virgínia; *fr.* Virginie; *ing.* Virginia (hips. Virgy, Ginger).

Virginie Déjacet, actriz francesa (1798-1875). **Virginia Woolf** (Virginia Stephen), novelista británica, alma del grupo de intelectuales y artistas de Bloomsbury (1882-1941). **Virginia Katherine Mac Math**, de nombre artístico Ginger Rogers, actriz de cine y bailarina estadounidense (1901-1995).

Virtudes *On. 8-9*
Nombre femenino, procedente del latín *virtus*, que significa 'valor, mérito, perfección moral'.
Variantes: *cat.* Virtut; *eus.* Kemen.

Visitación *On. 3-5*
Advocación mariana, alusiva al misterio del Rosario correspondiente.
Variantes: *cat.* Visitació; *eus.* Ikerne.

Vitalia *On. 17-7*
Forma femenina del nombre latino Vital. Significa 'que tiene vida' y es variante antigua de Vidal.
Gentilicio: Vitaliana. Variantes: *cat. al.* Vitàlia; *it.*Vitalina.

Viviana *On. 17-12*
Nombre de origen latino, *Vivianus*, al parecer un gentilicio relacionado con *vivus*, 'vivo, vital'. La *Vivien* inglesa tiene otro origen: es el nombre del hada de la Tabla Redonda.
Variantes: Bibiana; Biba (hip.); *fr.* Viviane; *eus.* Bibiñe.
Vivien Leigh (Vivian Mary Hartley), actriz teatral y cinematográfica británica (1913-1967). **Bibiana Fernández**, actriz y cantante española (1954). **Vivienne Westood**, diseñadora de moda británica (1941).

W

Walda *On. 31-1*
Del germánico *wald*, forma de *ald*, 'vieja', 'canosa', y, por extensión, 'gobernante, líder'. Puede ser hipocorístico de alguno de los muchos nombres que empiezan con este elemento, muy apreciados por la antigua onomástica germana, como Valdemara, Walberta o Walfrida.

Walfreda *On. 12-10*
Del germánico *Waldfrid*, que significa 'la protección del mando' o 'el caudillo pacificador', por *wald*, 'caudillo', y *frid*, 'paz'.
Variantes: Walfrida, Valfrida, Valfreda, Gualfreda.

Walteria *On. 2-8*
Del germánico *wald-hari*, significa 'caudillo del ejército'.
Variantes: Gualteria, Gutierra, Waltera, Gualtera; *fr. ing. it.* Waltere.

Wally *S/on.*
Forma hipocorística inglesa y alemana de distintos nombres, como Valentina y Valeria, empleada también en las lenguas romances.

Wanda *On. 17-4*
Del germánico *wand*, raíz designadora de uno de los pueblos bárbaros, los vándalos. Puede significar asimismo 'bandera, insignia'. Otros especialistas lo relacionan con el antiguo inglés, 'maravillosa'.
Wanda Landowska, clavecinista francesa (1877-1959).

Wendy *S/on.*
Nombre anglosajón, inventado por J. M. Barrie para un personaje del cuento *Peter Pan* (1904). Deriva de un juego de palabras: *friendly*, 'amistosa', se convirtió en *Friendly-Wendy*. Posible adaptación del antiguo inglés Wenda, que significa 'bella', 'limpia', 'honrada'.
Wendy Wilson, cantante estadounidense (1969).

Wifreda *On. 12-10*
Nombre germánico, equivalente a Guifreda y Jofresa. Deriva de *Gaut*, nombre de una divinidad (de la cual se derivan apellidos como Godón y Gaudí), con la terminación *frith*, 'paz'.

Wilfreda *On. 29-4*
Del teutón *will*, 'voluntad', y *frid*, 'paz', significa 'pacificadora decidida'.
Variantes: Wilfrida, Vilfreda, Vilfrida, Wilferda; *al.* Wilfrieda.

Winona *S/on.*
Nombre de mujer siux, que significa 'primogénita'.
Winona Ryder, actriz de cine estadounindense (1971).

Whitney *S/on.*
Del antiguo inglés; significa 'isla blanca', o 'la que viene de la isla blanca'.
Whitney Houston, cantante estadounidense (1963).

Winnie *S/on.*
Aféresis del germánico Winifreda, 'amiga de la paz'. Concurre con un nombre inglés, de origen celta, que significa 'blanca', 'pura'.
Variantes: Winifrieda; Wynnie, Wynn, Winna, Winne, Frida.

X

Xantipa   *On. 23-9*
Nombre griego, procede de la combinación de *xanthós*, 'amarillo, rubio', y de *hippos*, 'caballo', es decir, 'caballo bayo'.
Xantipa, irascible pero amante mujer de Sócrates (†399 a.C.).

Xaquelina   *On. como Santiaga*
Forma gallega de Santiaga. Alterna con su variante Saqueline.

Xenia   *On. 24-1*
Procede del griego *xenos*, 'extranjera', 'huésped', también interpretado como 'la que recibe extranjeros', 'la hospitalaria'. Es un nombre popular en Cataluña, donde concurre con una variante catalana de Eugenia, que se ha consolidado como nombre diferenciado.

Xesca   *On. como Francisca*
Hipocorístico catalán de Francisca.

Ximena   *On. como Jimena*
Grafía antigua de Jimena, corriente en la Edad Media.
Variante: *fr.* Chimène.

Xóchitl   *S/on.*
Del náhuatl 'flor', y metafóricamente, 'canto'. Es frecuente en México.

Y

Yaiza *S/on.*
Topónimo canario, de la isla de Lanzarote, usado como antropónimo.
Variantes: Haisa, Haiza, Hiaiza, Hiayza, Iaiz, Iaiza, Jayza, Yaita, Yáiza.

Yanira *S/on.*
Variante gráfica de Janira (v.).

Yasmina *On. 1-11*
Nombre árabe, derivado del persa *yasaman*. Significa 'relativo al jazmín'. También se interpreta como 'honesta', 'justa'.
Variante: *cat. fr. ing. al.* Jasmina.

Yeray *S/on.*
Significa 'fuerte'. Es un topónimo canario.

Yésica *S/on.*
De origen hebreo, variante de Jessica. Significa 'la protegida de Dios'.

Yocasta *S/on.*
Nombre mitológico (*Iocasté*), de origen poco dilucidado. Tal vez proceda de la unión del nombre también mitológico griego *Io*, de *ion*, 'violeta', y la palabra *kastos*, 'casta', que daría 'de la estirpe de Io'.
Yocasta, en la mitología griega, fue la madre de Edipo.
Variantes: Iocasta, Jocasta.

Yoko *S/on*
Nombre de mujer japonés, que significa 'delicada', 'femenina'.
Yoko Ono, artista multimedia estadounidense, esposa de John Lennon (1933).

Yola *On. 17-12*
Nombre de origen griego: *io*, 'violeta'. En su variante Yole significa 'el pueblo de las violetas'.
Variantes: Yola; *cat.* Iola.
Yole, amante de Hércules, a quien causó la muerte por los celos que despertó en su esposa, Deyanira.

Yolanda *On. 17-12*
Sobre el origen de este nombre reina el misterio. Tal vez haya derivado del germánico *Wioland,* Violante, 'la que viene del país próspero', quizá proceda del latín *viola,* que dio Violeta, e incluso se usa a veces como variante de Elena. En cualquier caso, fue popularizada por una hija del rey italiano Víctor Manuel III, y hoy es apreciado por su bella sonoridad, con cierta resonancia exótica ajena a nuestra tradición onomástica.
Variantes: Yoli (hip.); *cat. gall.* Iolanda; *fr.* Yolande.
Yolanda Bedregal, escritora boliviana (1918-1996). **Yolanda Oreamuno**, escritora costarricense (1916-1956).

Z

Zaida *On. 23-7*
Nombre de origen árabe, derivado del verbo *zaado*, 'crecer', que significa 'la que crece', 'la desarrollada', o por extensión, 'la destacada'.
Variante gráfica: Zaída.
Zaida, princesa musulmana, amante de Alfonso IV de Castilla y León (s. x).

Zaira *On. 21-10.*
Nombre de origen árabe, *Zaíra,* que significa 'florida', 'floreciente'.
Variante gráfica: Zaíra.

Zara *S/on.*
Nombre árabe; significa 'alba brillante', 'blanca', 'luminosa'.
Variantes: Zajira, Zahira, Zajara, Zahra.

Zenaida *On. 5-6*
Nombre de origen griego, *Zenaïs*, que significa 'hija de Zeus', cuyo sobrenombre era Zen, relacionado con *zoé*, 'vida'.
Variante: Zenai, Zenaides; Zizi (hip.).
Zenaida Volkonska, poetisa rusa (1792-1862).

Zenobia *On. 20-2*
Nombre de origen griego: *Zenóbios*, significa 'la que recibe vida de Zeus', a partir de *Zen*, 'Zeus', y de *bios*, 'vida'.
Zenobia Camprubí, traductora española (1887-1956), esposa de Juan Ramón Jiménez.

Zita   *On. 27-4*
Nombre de una santa italiana, tomado de una antigua palabra toscana
que significa 'muchacha', 'doncella soltera'. Precisamente es la patrona
de las empleadas de hogar, por la fidelidad con que su portadora sirvió
toda su vida a sus amos. Es forma hipocorística de Teresa y de Rosa.
Zita de Borbón-Parma, emperatriz de Austria y reina de Hungría (1898-1989).

Zitkala   *S/on.*
Nombre de mujer dakota; significa 'pájaro'.

Zoé   *On. 2-5*
Nombre de origen griego: *zoe*, que significa 'vida'.
A veces es traducción de Eva.
Variantes: Zoe, Zoa; *cat.* Zoè; *fr.* Zoé.
Zoé Porphyrogenete, emperatriz de Oriente (982-1050). Zoë Akins, actriz y autora
dramática estadounidense (1886-1958). Zoé Valdés, escritora cubana (1959).

Zoraida   *On. 5-7*
De origen árabe, procedente de *zarádat*, 'argolla', de donde metafóricamente, 'mujer cautivadora', o sea, 'graciosa'. Por ello, entre los cristianos este nombre se identifica con Gracia.
Zoraida, doncella mora, hermana de Zaida y de san Bernardo de Alcira, martiriza-
dos en Valencia en el siglo II. Zoraida Burgos, poetisa española.

Zoraya   *S/on.*
Nombre parsi, procede de *sorah*; significa 'excelente', 'la que destaca'.
Variantes: Zubaida, Zobeida, Soraya; *cat.* Soraia.
Soraya Esfandiari, esposa del sha de Persia, Reza Pahlavi (1932).

Zulema *S/on.*
Nombre de mujer árabe, derivación del masculino *Suleiman* (Salomón); significa 'pacífica'. También es variante de Zulma.
Variante: Zulima, Sulema.
Zulema Carraud, pedagoga francesa (1796-1889), gran amiga y confidente del escritor Honoré de Balzac.

Zulma *S/on.*
Nombre árabe, construido a partir de la combinación de letras *slm,* que en hebreo y árabe expresan el buen estado de salud. Significa 'la saludable', pero puede ser asimismo la forma femenina de Salomón.

Zuria *On. como Blanca*
Variante eusquera de Blanca.